# ESPAÑOL SIN FRONTERAS

## LIBRO DEL ALUMNO
## NIVEL ELEMENTAL

Jesús Sánchez Lobato
Concha Moreno García
Isabel Santos Gargallo

SGEL

**SOCIEDAD GENERAL ESPAÑOLA DE LIBRERÍA, S.A.**

Primera edición, en 1997

Quinta edición, en el 2001

Produce SGEL - Educación
Avda. Valdelaparra, 29.
28108 ALCOBENDAS (MADRID)

© Jesús Sánchez Lobato
   Concha Moreno García
   Isabel Santos Gargallo

© Sociedad General Española de Librería. S.A. 1997
   Avda. Valdelaparra, 29. 28108 ALCOBENDAS (MADRID)

Cubierta: Carla Esteban.
Maquetación: Susana y Óscar Belmonte.
Dibujos: Carlos Molinos
Fotos:    Agencia EFE, INCOLOR INDEX,
          Archivo SGEL, FOTOTECA STONE.

ISBN: 84-7143-598-5
Depósito legal: M. 45.615 - 2000
Printed in Spain - Impreso en España.

Composición: Susana y Óscar Belmonte.
Fotomecanica: Negami, S.L.
Impresión: Gráficas Peñalara, S.A.
Encuadernación: Rústica Hilo. S.L.

**AGRADECIMIENTOS**
Con nuestro sincero agradecimiento a Grupo Editorial Discorama y a Serdisco, por letra Y música, respectivamente, del tema Macarena, de Los del Rio, así como a Sony Music, por la letra de Ayer, de Gloria Estefan.

**E**ste nuevo método para extranjeros está dirigido a adultos, universitarios y profesionales, que se acercan por vez primera a la lengua y cultura españolas. Es un método ágil y científicamente graduado.

**C**onsta de tres niveles: elemental, medio y superior.

**L**a doble consideración de la lengua como sistema y como instrumento de comunicación nos ha llevado a dar prioridad compartida a los **contenidos gramaticales y funcionales**. Por ello, hemos perseguido un equilibrio perfecto, pocas veces conseguido en los métodos de español, mediante la integración rigurosa y progresiva de:
- los elementos gramaticales y léxicos, y su empleo en situaciones concretas de comunicación y en contextos funcionales.
- la competencia comunicativa para el intercambio lingüístico.

**P**or esta razón, podemos decir que *Español sin fronteras* es un **método a la vez comunicativo y gramatical**, que utiliza modelos de lengua auténticos en contextos reales. Para cada área temática, además del léxico estándar, se presentan las variantes hispanoamericanas más frecuentes, con indicación del país o países de origen.

**E**n este método se han tenido en cuenta sugerencias y aportaciones de profesores con gran experiencia en la enseñanza del español. Los problemas del aprendizaje del alumno extranjero constituyen el punto de partida de la progresión didáctica de *Español sin fronteras*.

# CONTENIDOS

| UNIDAD<br>ÁREA TEMÁTICA | FUNCIONES | GRAMÁTICA | VOCABULARIO | SECCIÓN<br>CULTURAL |
|---|---|---|---|---|
| **UNIDAD 1**<br>CONOCIENDO GENTE | Saludos y despedidas formales e informales.<br>Presentarte y presentar a otros.<br>Preguntar y contestar sobre nombre, nacionalidad, profesión. | Verbo SER<br>Verbos en -AR<br>Verbos LLAMARSE y DEDICARSE A.<br>El género y el número. | En el aeropuerto.<br>Profesiones.<br>Variedades hispanoamericanas. | El español y las lenguas de España. |
| **UNIDAD 2**<br>¿DÓNDE ESTÁ? | Situar lugares y objetos en el espacio.<br>Preguntar y contestar sobre direcciones y teléfonos.<br>Preguntar y contestar sobre la existencia de lugares y objetos. | Presente de los verbos ESTAR y TENER. Verbos acabados en -ER, -IR.<br>Construcciones con HAY y ESTAR.<br>Artículos en relación con ESTAR y HAY.<br>Interrogativos ¿CUÁL? ¿DÓNDE? | La casa y los objetos de un despacho.<br>Números del 0 al 100.<br>Expresiones de lugar.<br>Variedades hispanoamericanas. | Dos ciudades: Madrid y Barcelona. |
| **UNIDAD 3**<br>¿TIENES TIEMPO? | Hablar de horas y de fechas.<br>Hablar de algunas costumbres, situar en el tiempo.<br>Expresar costumbres y frecuencia. | Verbos irregulares en -AR, -ER.<br>Presente de HACER, IR(SE) y VENIR.<br>Contracciones AL, DEL. | Actividades cotidianas, frases típicas.<br>Meses del año y estaciones, días de la semana.<br>Variedades hispanoamericanas. | Recibir el Año Nuevo. |
| **UNIDAD 4**<br>¡QUÉ CARA ESTÁ LA VIDA! | Hablar de cantidades: precios, salarios, monedas, etcétera.<br>El precio de cosas usuales.<br>Comparación entre países. | Verbos irregulares en -AR, -ER.<br>Presente de los verbos DAR, PONER y DECIR.<br>Algunas exclamaciones.<br>Los demostrativos.<br>Números del 100 en adelante. | Hacer la compra: elementos necesarios.<br>Ir de compras.<br>Monedas de los países hispanoamericanos.<br>Las propinas.<br>Variedades hispanoamericanas. | Las propinas. |
| **UNIDAD 5** | *unidad de repaso* | | | |

| UNIDAD ÁREA TEMÁTICA | FUNCIONES | GRAMÁTICA | VOCABULARIO | SECCIÓN CULTURAL |
|---|---|---|---|---|
| **UNIDAD 6**<br>¿Y CÓMO ES ÉL? | Descripciones físicas.<br>Hablar de relaciones con otras personas.<br>Preguntar por la edad.<br>Llamar la atención.<br>Confirmar una afirmación. | Verbo CONOCER.<br>Verbo PARECER.<br>Verbos en -AR y -ER con cambio vocálico E>IE.<br>Adjetivos posesivos. | Adjetivos de rasgos físicos.<br>La familia.<br>Estados civiles.<br>Variedades hispanoamericanas. | El 70% de los jóvenes españoles menores de 29 años vive en casa con sus padres. |
| **UNIDAD 7**<br>PARA GUSTOS ESTÁN LOS COLORES | Expresar y pedir opinión.<br>Expresar y preguntar gustos y preferencias. | Verbos GUSTAR y ENCANTAR.<br>Verbos en -IR con cambio vocálico E>IE.<br>Verbo PREFERIR.<br>MUY / MUCHO.<br>La doble negación. | Colores.<br>Fenómenos atmosféricos.<br>Variedades hispanoamericanas. | El carácter de los españoles. |
| **UNIDAD 8**<br>¡AY, QUÉ DOLOR, QUÉ DOLOR! | Preguntar cómo se encuentra una persona.<br>Expresar malestar.<br>Expresar obligación.<br>Expresar deseos. | Verbos en -IR con cambio vocálico E>IE: seguir.<br>Seguir + GERUNDIO.<br>Seguir sin + INFINITIVO.<br>Estar + GERUNDIO.<br>Doler.<br>Tener que / deber + INFINITIVO.<br>Tener ganas de / Apetecer + INFINITIVO / NOMBRE. | Partes del cuerpo.<br>Enfermedades.<br>En la consulta del médico.<br>Variedades hispanoamericanas. | Las mujeres españolas fuman más cada día. |
| **UNIDAD 9**<br>EL PRÓXIMO FIN DE SEMANA SALIMOS | Expresar planes e intenciones.<br>Expresar acciones futuras.<br>Hablar por teléfono.<br>Poner mensajes en el contestador automático. | Verbos VENIR y SALIR.<br>Futuro de los verbos en -AR, -ER, -IR.<br>Ir a + INFINITIVO.<br>Después de / Antes de + INFINITIVO. | Expresiones para salir.<br>Quedar con / Quedarse en.<br>Tarjetas telefónicas.<br>Variedades hispanoamericanas. | Las tarjetas telefónicas. |
| **UNIDAD 10** | *unidad de repaso* | | | |

| UNIDAD<br>ÁREA TEMÁTICA | FUNCIONES | GRAMÁTICA | VOCABULARIO | SECCIÓN CULTURAL |
|---|---|---|---|---|
| **UNIDAD 11**<br>¿QUÉ HA PASADO? | Hablar del pasado.<br>Dar excusas y disculparte.<br>Ofrecer ayuda inmediata.<br>Expresar gustos y opiniones sobre algo que has visto o leído.<br>Expresar ignorancia. | PRETÉRITO PERFECTO.<br>Participios irregulares.<br>Pronombres objeto directo.<br>Verbo SABER. | En el estanco.<br>Variedades hispanoamericanas. | El fútbol: deporte rey en España. |
| **UNIDAD 12**<br>¿QUÉ TAL LAS VACACIONES? | Hablar de acontecimientos pasados.<br>Hablar de la última vez.<br>Expresar tiempo aproximado. | Marcadores temporales.<br>PRETÉRITO.<br>Algunos pretéritos irregulares.<br>Acordarse de + PRETÉRITO. | Transportes.<br>Viajes.<br>Variedades hispanoamericanas. | Canción de Gloria Estefan. |
| **UNIDAD 13**<br>...PORQUE ÉRAMOS JÓVENES | Expresar hábitos y costumbres en el pasado.<br>Describir en el pasado.<br>Expresar la circunstancia en que ocurre algo. | PRETÉRITO IMPERFECTO.<br>Pretéritos imperfectos irregulares.<br>Marcadores temporales de frecuencia.<br>Usos del imperfecto.<br>Soler + INFINITIVO. | Currículum vitae.<br>Entrevista de trabajo.<br>Variedades hispanoamericanas. | La sede del Instituto Cervantes. |
| **UNIDAD 14**<br>¡PÓNGAME UNA CAÑA, POR FAVOR! | Pedir algo.<br>Expresar obligación.<br>Expresar órdenes. | IMPERATIVO afirmativo: tú / usted.<br>Algunos imperativos irregulares.<br>IMPERATIVOS + Obj. Directo<br>Tener que / hay que + INFINITIVO.<br>Se puede / no se puede + INFINITIVO.<br>¿Me das...? / ¿Me dejas...?<br>CONDICIONAL. | Bares.<br>Restaurantes.<br>Variedades hispanoamericanas. | Macarena: canción de moda. |
| **UNIDAD 15** | *unidad de repaso* | | | |

# Descubre el Español

## ¿ Conoces los nombres de... ?

hamaca

tomate

poncho

D. Quijote y Sancho

sangría

paella

jamón

toro

# El Español en el Mundo

*Más de 350 millones de personas son hispanohablantes.*

# Otras lenguas de España

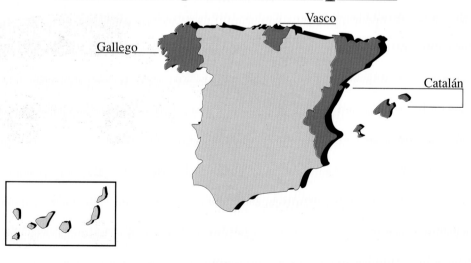

# ¿ Conoces los nombres de... ?

quiosco

flamenco

mariachis

tango

catedral

maíz

procesión

Guernica

**camión** (México)
**ómnibus** (Arg., Perú, Uruguay)
**guagua** (España: Canarias, y
      Antillas: Cuba)
**autobús**: (España)

**carro** (Hispanoamérica)
**auto** (España e Hispanoamérica)
**coche** (España)

# ¡ Habla Español en clase !

## Numerales

| | | | |
|---|---|---|---|
| **1.** uno / una | **6.** seis | **11.** once | **16.** dieciséis |
| **2.** dos | **7.** siete | **12.** doce | **17.** diecisiete |
| **3.** tres | **8.** ocho | **13.** trece | **18.** dieciocho |
| **4.** cuatro | **9.** nueve | **14.** catorce | **19.** diecinueve |
| **5.** cinco | **10.** diez | **15.** quince | **20.** veinte |

# ABECEDARIO

*Letras,* **sonidos** *y palabras*

| | | | |
|---|---|---|---|
| A | a | *a* | América |
| B | b | *be* | Bolero |
| C | c | *ce* | Café / Cena |
| Ch | ch | *che* | Chocolate |
| D | d | *de* | Dalí |

| | | | |
|---|---|---|---|
| E | e | *e* | España |
| F | f | *efe* | Fiesta |
| G | g | *ge* | Gasto / Gesto |
| H | h | *hache* | Hispano |
| I | i | *i* | Indio |

| | | | |
|---|---|---|---|
| J | j | *jota* | Jamón |
| K | k | *ca* | Kilo |
| L | l | *ele* | Limón |
| Ll | ll | *elle* | Llave |

| | | | |
|---|---|---|---|
| M | m | *eme* | México |
| N | n | *ene* | Nicaragua |
| Ñ | ñ | *eñe* | Ñoño |
| O | o | *o* | Olivo |
| P | p | *pe* | Patata |
| Q | q | *cu* | Quijote |
| R | r | *erre (ere)* | Rey / Caro |
| S | s | *ese* | Siesta |
| T | t | *te* | Torero |

| | | | |
|---|---|---|---|
| U | u | *u* | Uruguay |
| V | v | *uve* | Venezuela |
| W | w | *uve doble* | Wagón |
| X | x | *equis* | Xenófobo |
| Y | y | *i griega* | Ya / y |
| Z | z | *zeta* | Zapato |

## ¡ Atención !

| | | | | |
|---|---|---|---|---|
| <u>ca</u>, <u>co</u>, <u>cu</u>, <u>que</u>, <u>qui</u> | suenan igual: [k]. | La <u>b</u> y la <u>v</u> | suenan igual: [b]. |
| <u>za</u>, <u>zo</u>, <u>zu</u>, <u>ce</u>, <u>ci</u> (En algunas regiones de España y de Hispanoamérica se pronuncia [s]). | suenan igual: [θ]. | La <u>h</u> | no suena. |
| | | Sonido [r], entre vocales (cara), | se escribe **r**. |
| | | Sonido [r̄], inicial, final y tras consonante (rama, alrededor), | se escribe **r**. |
| <u>ja</u>, <u>jo</u>, <u>ju</u>, <u>je</u>, <u>ji</u>, <u>ge</u>, <u>gi</u> | suenan igual: [x]. | | |
| <u>ga</u>, <u>go</u>, <u>gu</u>, <u>gue</u>, <u>gui</u> | suenan igual: [g]. | Sonido [r̄], entre vocales (carro), | se escribe **rr**. |

## ¿*Eres capaz de...*?

¿Eres capaz de situar
estas frases?

– ¡Hola! ☐
– Encantado(a). ☐
– Adiós. Hasta mañana. ☐
– ¿Qué tal? ☐

## *Pretexto*

**EN EL AEROPUERTO.**

△ Buenas tardes, ¿es usted el
señor Velázquez?

○ Sí, soy yo.

△ Me llamo Claudia Santos
y soy la secretaria de la
señora Chacón.

○ Encantado.

△ Mucho gusto.

**EN LA FACULTAD.**

△ Buenos días, me llamo John
Schwartzenegger.

○ **Perdona**, ¿puedes deletrearlo?

△ **Sí, claro**:
S-C-H-W-A-R-T-Z-E-N-E-G-G-E-R.

○ ¿Está bien así?

△ Sí, muy bien.

△ ¡Hola! Me llamo Henric.

○ ¿Qué tal, Henric? Yo soy Anna.
¿De dónde eres?

△ De Suecia, ¿y tú?

○ Yo, de Italia. De Verona.

**EN LA OFICINA.**

△ ¿Qué tal, señora Chacón?
¿Cómo está?

○ Muy bien, señor Velázquez.
¿Qué tal el vuelo?

△ Perfecto.

△ Bueno, señor Velázquez, hasta
el jueves.

○ Sí, **eso es**, hasta el jueves.

**EN LA ESCUELA.**

△ ¿Hablas español?

○ Sí, un poco; tú también, ¿no?

△ Sí, pero no muy bien.

○ **¡No, qué va!** Tú hablas muy bien.

△ ¿Quién es la señora Chacón?

○ Es la directora de la escuela.

△ ¿Y el señor Velázquez?

○ Es el responsable de IBM en esta zona.

**A LA SALIDA DE CLASE.**

△ No eres de aquí, ¿verdad?

○ No, soy alemana, me llamo Helga, ¿y tú?

△ Yo me llamo Gorka.

○ ¿Gorka? ¿Es un nombre español?

△ Sí; es vasco.

○ Bueno, Gorka, adiós. Hasta otro día.

**EN LA OFICINA.**

△ Señor Aranda, le presento al señor Montes, el nuevo contable.

○ ¿Cómo está usted?

△ Muy bien, gracias.

# Cara a cara

**Pregunta - contesta a tu compañero(a). Puedes ayudarte con el pretexto.**

**Usa las expresiones del recuadro.**

A. ¿Quién es el señor Polo?

B. No, no soy canadiense.

C. Es una cantante

D. es un nombre español

E. le presento

F. Mucho gusto.

G. Helga, me llamo Helga

H. Perfecta,

I. Eso es,

J. peruano.

K. Yo me llamo

L. Brasil.

LL. Sólo un poco.

M. Es un cantante

N. es estupendo.

O. tú hablas

P. Muy bien,

Q. Soy de Taiwán.

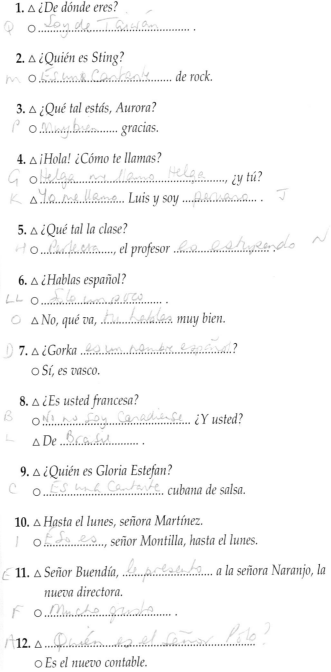

1. △ ¿De dónde eres?
   Q ○ ...Soy de Taiwán... .

2. △ ¿Quién es Sting?
   M ○ ...Es una cantante... de rock.

3. △ ¿Qué tal estás, Aurora?
   P ○ ...Muy bien... gracias.

4. △ ¡Hola! ¿Cómo te llamas?
   G ○ ...Helga me llamo Helga..., ¿y tú?
   K △ ...Yo me llamo... Luis y soy ...peruano... . J

5. △ ¿Qué tal la clase?
   H ○ ...Perfecta..., el profesor ...es estupendo... N

6. △ ¿Hablas español?
   LL ○ ...Sólo un poco... .
   O △ No, qué va, ...tú hablas... muy bien.

D 7. △ ¿Gorka ...es un nombre español...?
   ○ Sí, es vasco.

8. △ ¿Es usted francesa?
   B ○ ...No, no soy canadiense... ¿Y usted?
   L △ De ...Brasil... .

9. △ ¿Quién es Gloria Estefan?
   C ○ ...Es una cantante... cubana de salsa.

10. △ Hasta el lunes, señora Martínez.
    I ○ ...Eso es..., señor Montilla, hasta el lunes.

E 11. △ Señor Buendía, ...le presento... a la señora Naranjo, la nueva directora.
    F ○ ...Mucho gusto... .

A 12. △ ...¿Quién es el señor Polo?...
    ○ Es el nuevo contable.

**Perdona.**     **Sí, claro.**

**No, qué va.**     **Eso es.**

# Gramática

## VERBO *SER*

| | | | | |
|---|---|---|---|---|
| (yo) | **soy** | (nosotros / as) | **somos** |
| (tú) | **eres** | (vosotros / as) | **sois** |
| (él / ella, usted) | **es** | (ellos / ellas, ustedes) | **son** |

### USAMOS EL VERBO *SER*

| | | |
|---|---|---|
| Con nacionalidades: | SER + nacionalidad. | Mafalda es argentina. |
| | SER de + nombre de país. | Snoopy es de Estados Unidos. |
| Con profesiones: | SER + profesión. | La señora Chacón es la directora de la escuela. |
| | | Sting es cantante. |
| | | Claudia es secretaria. |

## VERBOS REGULARES EN *-AR* : *HABLAR*

| | | | |
|---|---|---|---|
| (yo) | habl**o** | (nosotros / as) | habl**amos** |
| (tú) | habl**as** | (vosotros/ as) | habl**áis** |
| (él / ella, usted) | habl**a** | (ellos / ellas, ustedes) | habl**an** |

OTROS: *contestar, escuchar, estudiar, preguntar, trabajar.*

### VERBOS *LLAMARSE - DEDICARSE A*

| | | | |
|---|---|---|---|
| (yo) | **me** llam**o** | (nosotros / as) | **nos** llam**amos** |
| (tú) | **te** llam**as** | (vosotros / as) | **os** llam**áis** |
| (él / ella, usted) | **se** llam**a** | (ellos / ellas, ustedes) | **se** llam**an** |

## EL GÉNERO Y EL NÚMERO

| MASCULINO | | FEMENINO | |
|---|---|---|---|
| **singular** | **plural** | **singular** | **plural** |
| VOCAL - O<br>italiano | VOCAL + S<br>italianos | VOCAL - A<br>italiana | VOCAL + S<br>italianas |
| CONSONANTE<br>alemán<br>japonés | CONSONANTE + ES<br>alemanes<br>japoneses | CONSONANTE + A<br>alemana<br>japonesa | CONSONANTE + AS<br>alemanas<br>japonesas |
| INVARIABLE<br>canadiense | canadienses | INVARIABLE<br>canadiense | canadienses |

■ **Relaciones formales.**

**Usted**

¿Cómo está usted?
¿Cómo se llama?
Le /les presento a Jessica.
¿Es usted el señor Gómez?

■ **Relaciones informales.**

**Tú**

¿Qué tal? ¿Cómo estás?
¿Cómo te llamas?
Te / os presento a Jessica.
Tú eres Marina, ¿verdad?

■ **El trabajo.**

**¿A qué te dedicas / se dedica (usted)?**
– *Soy estudiante* / (soy + profesión).
– *Estudio arquitectura* (estudio + nombre
   de la carrera).
– *Trabajo en el ministerio de Hacienda*
   (trabajo + lugar de trabajo).

■ **Preguntar por alguien.**

| – ¿El señor | | apellido | |
| – ¿La señora | + | nombre | , por favor? |
| – ¿La señorita | | nombre y apellido | |

**Ejemplos:**

○ ¿Es usted la señorita Ruiz?
△ Sí, soy yo.

○ ¿Quién es la señora Chacón?
△ Es la directora de la escuela.
○ ¿Y el señor Velázquez?
△ Es el responsable de IBM en
   esta zona.

■ **Pero el artículo desaparece en
   los saludos.**

– ¿Qué tal, señora Chacón?
   ¿Cómo está?
– Muy bien, señor Velázquez.

# Vamos a practicar

**1** Escucha y repite.

el pez
el cuadeno
el vaso
huevo
el lapiz
hija niño
perro

**2** En parejas.
**Presenta a tu compañero(a)
al resto de la clase.**

*Japonés - Inglés - Alemán
Italiano - Ruso - Portugués*

– *Os presento a Mohamed. Es de Marruecos.
Estudia español y habla árabe y francés.*

**3** Pregunta a tu compañero(a):
△ ¿De dónde es Rigoberta
Menchú?
○ No sé.
△ Es de Guatemala.

R. Menchú

M. Gibson

Madonna

A. Banderas

I. Allende

T. Cruise

**4** Completa.

Pregunta – en español – a tu profesor(a) si es correcto.

**5** ¿Tú o usted?

Coloca las frases según el tipo de relación.

– ¿Cómo está usted, señor López?
– Muy bien, gracias.

– ¿Qué tal, Peter?
– ¡Fenomenal!

– Te presento a July.
– ¡Hola, July! ¿Qué tal?

– ¿La señora García, por favor?
– Sí, soy yo.

**6** Pregunta a tu compañero(a). Usad vuestros nombres para la relación informal y vuestros apellidos para una relación formal.

**7** Decid el femenino, el singular y el plural de estas palabras.

¿Quién tiene más aciertos?

| RELACIÓN FORMAL | RELACIÓN INFORMAL |
|---|---|
| .......................................... | .......................................... |
| .......................................... | .......................................... |
| .......................................... | .......................................... |
| .......................................... | .......................................... |

Para ayudaros:   *¿Cómo te llamas?   ¿Cómo se llama?   ¿Y de apellido?*

El singular de

*mesas*......mesa........
*relojes*......reloj........
*profesores*......profesor........
*teléfonos*......teléfono........

El femenino de

*francés*........................
*señor*......señora........
*noruego*......noruega........
*director*......directora........
*usted*......usted........

El plural de

*señor*......señores........
*cuaderno*......cuadernos......
*lápiz*......lápizes........
*hotel*......hoteles........

# *Se dice así*

**1** En este aeropuerto se han olvidado de traducir los rótulos. Pero tú comprendes, ¿verdad?

Ascensor →

Recogida de equipajes

Control de pasaportes

Ahora escucha y dibuja los símbolos.

Información

Llegadas Nacionales

Salidas Internacionales

  ← Aduana

**2** ¿Dónde trabaja?

– Es recepcionista.
– Trabaja en un hotel.

Recepcionista — un colegio
Médico — un hospital
Periodista — un hotel
Taxista — la calle
Camarero — un periódico
Mecánico — un coche
Fotógrafo — una revista *magazine*
Profesora — un taller *workshop studio*
Representante — un restaurante

**3** Variedades hispanoamericanas.

En ciertos países (Argentina, Paraguay y algunos de Centroamérica) se usa la forma **vos** en lugar de tú. El plural **es ustedes.**

**chévere** (Col., Ven.) = estupendo.
**macanudo** (Arg., Ch., Ur., Par.) = estupendo.
**lindo** = bonito, hermoso.
**abandonado** (Perú) = calavera, vicioso.
**abollado** (Ch., Cuba) = arruinado.
**fané** (Arg.) = cansado.

# Un paso más

**1** Lee este pequeño texto:

El español es uno de los idiomas más hablados del mundo. Es la lengua oficial de España e Hispanoamérica. Pero también se habla en Estados Unidos, en Filipinas y en Guinea Ecuatorial.

En España, también son lenguas oficiales el catalán, el gallego y el vasco, en sus respectivas Comunidades Autónomas, es decir, en Cataluña, Galicia, y el País Vasco.

Se llama Felipe de Borbón, es el futuro Rey de España y, actualmente, es embajador especial en los actos oficiales de los países hispanoamericanos. Sus padres, el Rey Juan Carlos y la Reina Sofía, son los Reyes de España.

**2** Contesta a estas preguntas sin mirar el texto:

– ¿Se habla español en todos los continentes?..........................

– ¿Cuáles son las lenguas oficiales de España?........................

..............................................................................................

- ¿Quién es Felipe de Borbón?................................................

**3** Lee este poema:

### MI PUEBLO ES LA TIERRA

*Mi pueblo es la tierra;*
*mi patria, el espacio;*
*mi paisaje, el mundo;*
*mi palacio, un árbol.*

*Mi vida es tu vida;*
*mi idea, un abrazo.*

*Hundir al que trepa,*
*subir al de abajo:*
*ése es mi trabajo.*

*Gloria Fuertes.*

## Ahora ya sabes

| FUNCIONES | | GRAMÁTICA | | VOCABULARIO | |
|---|---|---|---|---|---|
| Saludos y despedidas formales e informales. | ☐ | Verbo SER | ☐ | En el aeropuerto. | ☐ |
| Presentarte y presentar a otros. | ☐ | Verbos en -AR | ☐ | Profesiones. | ☐ |
| Preguntar y contestar sobre nombre, nacionalidad, profesión. | ☐ | Verbos LLAMARSE y DEDICARSE A. | ☐ | | |
| | | El género y el número. | ☐ | Variedades hispanoamericanas. | ☐ |

## ¿*Eres capaz de...*?

**¿Eres capaz de situar estas frases?**

– Por favor, ¿dónde están los servicios? `2`

– Al fondo, a la derecha. `4`

– ¿Hay una parada de taxis por aquí? `1`

– Sí, al final de la calle. `3`

## *Pretexto*

**EN EL AEROPUERTO.**

△ ¿El autobús para el centro, por favor?

○ Aquí mismo, a la derecha.

△ ¡Ah, **es verdad**! Gracias.

**EN UN RESTAURANTE.**

△ ¿Los servicios, por favor?

○ Al final del pasillo, a la izquierda.

### EN LA SECRETARÍA.

△ ¿Cuál es su dirección aquí, en Madrid?

○ Un momento, por favor.... Calle Infantas, número 10, 2º(segundo) A.

△ ¿Tiene teléfono?

○ Sí, el número es el 91 467 15 98.

### EN LA CALLE.

△ **Perdone**, ¿dónde está la oficina de Correos?

○ Ahí enfrente, cruzando la calle.

△ ¿Hay una boca de Metro por aquí?

○ No sé, no soy de aquí.

△ Por favor, ¿dónde hay una farmacia?

○ En esta calle, no; en la paralela.

### EN UN PUEBLO PEQUEÑO.

△ Perdone, señora, ¿hay algún vídeo-club en el pueblo?

○ No, hijo; aquí no hay.

### EN LA ESCUELA.

△ ¿Dónde vives?

○ Con una familia española muy simpática. ¿Y tú?

△ Yo, en un piso, con otros estudiantes. Es barato y está muy cerca de la escuela.

○ ¡**Qué suerte!** Mi casa está un poco lejos, a 15 minutos en autobús.

**EN LA OFICINA.**

△ ¿Dónde está el contrato del hotel *Doña Blanca*?

○ Encima de la mesa de la secretaria.

△ No, aquí no está.

○ Sí, está aquí, dentro de la carpeta.

**EN UNA CASA.**

△ ¿Tienes un sacacorchos?

○ Sí, claro, en el armario de la cocina.

△ Sí, aquí está.

**TRES PERSONAS HABLANDO.**

△ ¿De dónde sois?

○ Yo, de Madrid.

□ Y yo, de Vigo.

△ ¿Vigo? ¿Dónde está?

□ En Galicia, en el norte de España.

**EN UNA CASA.**

△ Mira, esta es tu habitación. Aquí, al lado, están el salón y la cocina y, al final del pasillo, está el cuarto de baño.

○ Muchas gracias, Carmen, es usted muy amable.

△ De nada, hija.

**EN LA CALLE.**

△ ¿Está muy lejos la estación de autobuses?

○ No, no mucho. Todo recto por esta calle hasta el final. Luego, giras a la derecha, cruzas la calle y ahí está la estación.

△ Muchas gracias.

# Cara a cara

Pregunta - contesta a tu compañero(a). Puedes ayudarte con el pretexto.

Usa las expresiones del recuadro.

A. una cabina de teléfonos

B. en la paralela.

C. no mucho, ............. al lado de

D. vivís

E. En la calle Vergara, nº 12, 1ºB,

F. Tienes

G. La oficina de información,

H. En un apartamento,

I. Recto, giras, cruzas

J. hay ........... banco

K. Está lejos

L. En tu mesa,

M. al final de

N. está en el armario

O. Dónde ....... Correos

P. En la Plaza Mayor, a la derecha

Q. con mi familia,

R. Dónde están

S. (Vivo) en un piso compartido.

T. el número es el 963413626

U. Cuál es

V. Vives

1. △ ¿Dónde vives?
   ○ .............................................. cerca de la escuela.

2. △ ¿Tienes teléfono?
   ○ Sí, ..................................... .

3. △ ¿Hay .......................... por aquí?
   ○ Sí, ............................... esta calle.

4. △ ¿Dónde .................. algún ...................... ?
   ○ En esta calle, no, ................................. .

5. △ ¿ .................................................., por favor?
   ○ ........................................ del ayuntamiento.

6. △ ¿.......................... está ............................ ?
   ○ Todo .................... hasta el final de esta calle, ........................ a la izquierda, ........................ y allí está.

7. △ ¿ ........................ la estación de autobuses?
   ○ No, ............................., está ........................ aquel edificio.

8. △ ¿Dónde ............................ en Salamanca?
   ○ ..............................................., cerca del centro.

9. △ ¿.................................... tu dirección, aquí, en Valencia?
   ○ Vivo ..................................................................... .

10. △ ¿................................ con una familia española?
    ○ No, ...................................................... lejos de la universidad.

11. △ ¿ ......................... un sacacorchos?
    ○ Sí, Esta en el armario ...... de la cocina.

12. △ ¿ Donde estan ..................... los apuntes de clase?
    ○ ¡en la mesa..........., hombre, delante de ti!

Es verdad.

¡Qué suerte!

Perdone.

# Gramática

## VERBOS IRREGULARES MUY USUALES: *ESTAR - TENER.*

| | | | | | |
|---|---|---|---|---|---|
| (yo) | estoy | tengo | (nosotros / as) | estamos | tenemos |
| (tú) | estás | tienes | (vosotros / as) | estáis | tenéis |
| (él / ella, usted) | está | tiene | (ellos / ellas, ustedes) | están | tienen |

## VERBOS REGULARES EN *-ER* Y EN *-IR*: *VENDER - VIVIR.*

| | | | | | |
|---|---|---|---|---|---|
| (yo) | vendo | vivo | (nosotros / as) | vendemos | vivimos |
| (tú) | vendes | vives | (vosotros / as) | vendéis | vivís |
| (él / ella, usted) | vende | vive | (ellos / ellas, ustedes) | venden | viven |

**OTROS**: *comer, beber, comprender, subir, escribir, recibir.*

## LOS NÚMEROS

¡OJO!

| | | | | |
|---|---|---|---|---|
| 0 cero | 10 diez | 20 veinte | 21 veintiuno | 29 veintinueve |
| 1 uno(a) | 11 once | 30 treinta | 22 veintidós | 30 treinta |
| 2 dos | 12 doce | 40 cuarenta | 23 veintitrés | 31 treinta y uno |
| 3 tres | 13 trece | 50 cincuenta | 24 veinticuatro | 41 cuarenta y uno |
| 4 cuatro | 14 catorce | 60 sesenta | 25 veinticinco | 54 cincuenta y cuatro |
| 5 cinco | 15 quince | 70 setenta | 26 veintiséis | 67 sesenta y siete |
| 6 seis | 16 dieciséis | 80 ochenta | 27 veintisiete | 32 treinta y dos |
| 7 siete | 17 diecisiete | 90 noventa | 28 veintiocho | 43 cuarenta y tres |
| 8 ocho | 18 dieciocho | 100 cien | | |
| 9 nueve | 19 diecinueve | | | |

*Sólo se pone la Y entre decenas y unidades; a partir de treinta se escribe separado:* **treinta y tres.**

## LOS ARTÍCULOS

| MASCULINO | | FEMENINO | |
|---|---|---|---|
| singular | plural | singular | plural |
| **EL** | **LOS** | **LA** | **LAS** |
| ¿Dónde está **el** vídeo-club? | ¿**Los** servicios, por favor? | ¿Dónde está **la** parada del autobús? | ¿Dónde están **las** hojas de inscripción? |

| MASCULINO | | FEMENINO | |
|---|---|---|---|
| singular | plural | singular | plural |
| **UN** | **UNOS** | **UNA** | **UNAS** |
| ¿Hay **un** banco cerca de aquí? | ¿Quieres **unos** bombones? | ¿Hay **una** parada de taxis cerca? | Hay **unas** estudiantes japonesas abajo. |

# SITUAR EN EL ESPACIO

| **Pregunta.** | **Respuesta.** |
|---|---|
| **1.** ¿Dónde ESTÁ(N) \| EL / LA + nombre singular?<br>LOS / LAS + nombre plural? | Aquí, ahí, allí, enfrente, cerca, lejos, encima *on top of* de, al lado de, al final de, dentro de. *inside*<br>No sé (no soy de aquí).<br>Sí / No. Todo recto... giras a .... cruzas ...<br>Sí /No + situación concreta. |
| **2.** ¿Dónde HAY \| UN / UNA + nombre singular?<br>+ nombre plural? | ESTAR +<br>- *en* + nombres de lugar: *en casa; en el insti-tuto; en la oficina; en España.*<br>- *aquí, allí, lejos, cerca, encima, debajo, al lado de,* etc. *underneath*<br>- *a* + distancia + *de* + nombre de lugar: *Málaga está a 540 kms. de Madrid.*<br>- adjetivos de estado: *cansado/a; contento/a; lleno/a; enfermo/a;* etc. |
| **3.** Otras fórmulas.<br>¿Los servicios, por favor?<br>¿Está lejos + nombre......................?<br>¿Hay algún(a) + nombre (por aquí)?<br>¿Hay por aquí + nombre? | |

*Ejemplos:*
– ¿Dónde está la oficina de correos, por favor?
– ¿Dónde hay una librería por aquí?
– ¿Dónde hay sobres? *envelopes*
– ¿Los servicios, por favor?
– ¿Está lejos la estación de autobuses?
– ¿Hay alguna farmacia por aquí?
– ¿Hay algún vídeo-club en el pueblo?

– Ahí enfrente, cruzando la calle.
– Aquí mismo, en esta calle.
– En el cajón de la mesa. *drawer*
– Al final del pasillo, a la derecha.
– Sí /No. Todo recto... giras a .... cruzas ... y allí está.
– Sí, al lado del supermercado.
– No sé, no soy de aquí.
– No, hijo, aquí no hay.

# LA DIRECCIÓN Y EL TELÉFONO

| | | |
|---|---|---|
| **USTED** | – ¿Cuál es su dirección? *address*<br>– ¿Dónde vive?<br>– ¿Tiene teléfono? | – (Vivo ) en la calle / la avenida / la plaza / el paseo...<br>+ nombre + número + 1º, 2º, 3º, 4º, 5º ... izq. / dcha.<br>– El / mi teléfono es el + número. |
| **TÚ** | – ¿Cuál es tu dirección?<br>– ¿Dónde vives?<br>– ¿Tienes teléfono? | – (Vivo) con una familia española...<br>– (Vivo) en un piso con otros estudiantes. |

# *Vamos a practicar*

 **1** Vais a oír dos veces una serie de números. Escuchad y señalad el número correspondiente. Gana el primero que los señale todos.

ALUMNO A

ALUMNO B

13 22 51 33
15 5 16 19
0 3 66 23

13 22 51 33
15 5 16 19
0 3 66 23

 **2** Ahora escuchad de nuevo y escribid los números.

_____    _____    _____

_____    _____    _____

_____    _____    _____

_____    _____    _____

_____    _____    _____

**3** Completa con las formas correctas de los verbos entre paréntesis.

(Llamarse, yo) ................................. Belinda y (ser, yo) ...............................
de los Estados Unidos. (Estar, yo) ....................................... en España para
aprender español y trabajar después como profesora bilingüe. (Vivir,
yo) ......................................... con unos amigos españoles muy simpáticos.
(Tener, ellos) ........................................................ una casa muy bonita.
Mi habitación (estar) ................................. a la entrada, al lado del salón.
Mis amigos (tener) ............................... dos hijos y un perro. Lo (pasar, yo)
...................................... muy bien con ellos.

**Pregunta a tu profesor/a:**

– *Estar a la entrada.*
– *Pasarlo bien con ellos.*

**4** Pregunta / contesta a tu compañero (a):

| ALUMNO A | ALUMNO B |
|---|---|

**ALUMNO A**

|  | una cabina de teléfonos? |
|---|---|
| ¿Dónde hay / está | un buzón? |
| ¿Hay / está por aquí | la oficina de Turismo? |
|  | un cajero automático? |
|  | el cine Victoria? |
|  | un quiosco? |

**ALUMNO B**

A – ¿Dónde hay un buzón?
B – En la calle de Cervantes, esquina a Luna.
A – ...................................................................................
B – ...................................................................................
A – ...................................................................................
B – ...................................................................................
A – ...................................................................................
B – ...................................................................................
A – ...................................................................................
B – ...................................................................................

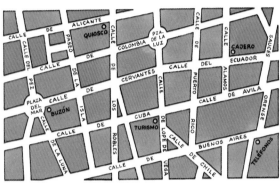

**5** Completa con *ESTÁ / ESTÁN / HAY.*

1 – ¿Dónde .................. los alumnos?     – En la cafetería.

2 – ¿ .................. aquí mi cartera?     – Sí, debajo de la silla.

3 – ¿ .................. aquí algún teatro?     – No, no hay.

4 – ¿El museo del Prado, por favor?     – ............ en la calle paralela.

5 – ¿Dónde tienes las cerillas?     – ............ en mi mesa de trabajo.

**6** Elige la palabra adecuada:

1 – Estoy aquí para *aprender / estudiando* español.

2 – Mis amigos y yo *son / somos* extranjeros y *habla /hablamos* poco español.

3 – Trabajo en *un / una* empresa de exportación.

4 – En mi clase hay cuatro *nacionalidad / nacionalidades.*

5 – ¿*Hay / está* algún banco por aquí cerca?

# Se dice así

### 1 CASAS

Aquí tenéis dos tipos de casa.
Comparadlos y señalad las
diferencias.

**Para ayudaros:**

La ventana, el balcón, la chimenea, el tejado, el jardín, la cornisa, la puerta,
el primer piso, el segundo, el tercero.

### 2 COSAS

Escucha y señala en el dibujo las
cosas que oigas.

### 3 Variedades hispanoameri-canas.

**vereda** (Am. Meridional, Perú, Cuba)
= acera.
**andén** (Centroam., Col.) = acera.
**banqueta** (Méx.) = acera.
**departamento** = piso, apartamento.
**cuadra** = manzana (espacio deli-
mitado por calles).
**pieza** (Arg., Perú) = habitación.

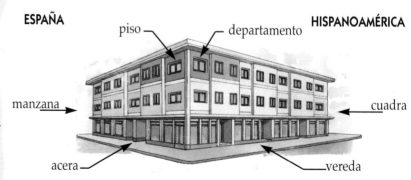

ESPAÑA — HISPANOAMÉRICA

piso — departamento
manzana — cuadra
acera — vereda

# Un paso más

**1** Escucha la conversación y escribe la siguiente información:

– ¿Dónde está la oficina de reclamaciones? *complaint*

..................................................................................................

..................................................................................................

– ¿Cómo se llama la señora? ..... *Germaine Sterckx* .....

– ¿En qué hotel está? ..................................................................

– ¿Cuál es la dirección del hotel? ..... *Paseo Marítimo S/N* .....   *bajondillo no number.*

– ¿Cuál es el teléfono? ..... *2386400* .....

**2** Lee este pequeño texto. Luego, señala las diferencias entre Madrid y Barcelona.

## DOS CIUDADES

**Madrid**, como todo el mundo sabe, es la capital de España. Está en el centro de la Península. Es una ciudad abierta que recibe gente de todas partes. Se dice que Madrid tiene el casco histórico más grande del mundo. Esto causa grandes problemas de circulación.

Para hablar de algunas ofertas culturales, en Madrid hay cuarenta y ocho teatros, dieciséis salas de conciertos y setenta y tres museos.

**Barcelona** es, para algunos, la verdadera capital de España. Está situada en la costa mediterránea, y cerca de la frontera con Francia. En su historia hay influencia de los pueblos del norte de Europa y del Mediterráneo. En Barcelona, que es la capital de Cataluña, se habla español y catalán.

Y en cuanto a números, en Barcelona hay treinta y cinco teatros, cincuenta salas de conciertos y sesenta museos.

## Ahora ya sabes

### FUNCIONES

Situar lugares y objetos en el espacio. ☐

Preguntar y contestar sobre direcciones y teléfonos. ☐

Preguntar y contestar sobre la existencia de lugares y objetos. ☐

### GRAMÁTICA

Presente de los verbos ESTAR y TENER. Verbos acabados en ER - IR. ☐

Construcciones con HAY / ESTAR. ☐

Artículo en relación con ESTAR y HAY. ☐

Interrogativos ¿CUÁL? ¿DÓNDE? ☐

### VOCABULARIO

La casa y los objetos de un despacho. ☐

Números del 0 al 100. ☐

Expresiones de lugar. ☐

Variedades hispanoamericanas. ☐

## ¿*Eres capaz de...?*

**¿Eres capaz de situar estas frases?**

– ¿A qué hora empieza la clase? `2`
– Voy al gimnasio los lunes, miércoles y viernes. `4`
– Los domingos me levanto tarde. `3`
– ¿Tienes hora? `1`

## Pretexto

**EN LA CALLE.**
△ ¿Qué hora es?
○ Las nueve menos cuarto.
△ Me voy a clase.
○ ¿A qué hora empieza?
△ A las nueve en punto, y no quiero llegar tarde.

**EN LA CAFETERÍA.**
△ Por favor, ¿tiene hora?
○ ...**¡Vaya!** Tengo el reloj parado.

**EN CLASE.**

△ ¿Qué día es hoy?

○ Lunes, 17.

**EN CASA, EN VERANO.**

△ ¿Qué hacemos hoy? ¿Vamos a la playa?

○ ¿A la playa? ¡Ni hablar! Los domingos hay mucha gente.

△ Y entonces, ¿qué quieres hacer?

○ Estar en casa y, por la tarde, ir al cine.

**EN UNA FIESTA.**

△ ¿Invitamos a Pedro?

○ ¿A Pedro? ¡Qué tontería! Pedro tiene una vida muy organizada: por las mañanas va a clase, por las tardes estudia y por las noches se acuesta temprano.

△ Pues ¡qué aburrido!

△ Oye, y tú, ¿cuándo estudias?

○ Antes de los exámenes. ¿Tú no?

△ Yo estudio todos los días una o dos horas.

○ ¡Qué buen chico!

**EN LA OFICINA.**

△ Buenos días. Soy Helmut Grün. Tengo una cita con la señora Chacón a las 12 h.

○ Un momento, por favor.

○ Señora Chacón, está aquí el señor Grün.

□ Pase usted.

△ Gracias.

△ ¿Qué tal el fin de semana?

○ Muy tranquilo. Yo, los sábados y domingos, descanso, paseo, escucho música ... ¿Y tú?

△ Yo, igual.

### EN EL TRABAJO.

△ ¿Qué haces después del trabajo?

○ ¿Hoy o normalmente?

△ Ahora mismo.

○ Hoy es miércoles, ¿**verdad**?
  Pues voy al gimnasio.

△ ¿Vas todos los días?

○ No, sólo los lunes, miércoles y
  viernes.

### EN LA DISCOTECA.

△ Mira, hay poca gente.

○ Claro, es muy pronto. Sólo son
  las 11.

### EN UNA AGENCIA DE VIAJES.

△ Oye, tú siempre trabajas
  mucho, ¿verdad?

○ No, no siempre; en primavera y
  verano trabajo más, porque
  vienen muchos turistas.

△ ¿Vienes a tomar un café?

○ **Lo siento**, no tengo tiempo. Ahí
  llega un autobús con cincuenta
  clientes.

# Cara a cara

Pregunta - contesta a tu compañero(a). Puedes ayudarte con el pretexto.

Usa las expresiones del recuadro.

A. Es muy tarde.
B. no hay muchos turistas.
C. Trabajas
D. en primavera y verano.
E. la playa con nosotros
F. Vamos al cine,
G. ¡Ni hablar! ........ muy aburrido
H. no tengo tiempo,
I. A las 9
J. nos vamos ya.
K. Qué hora es
L. A qué ........... la clase
M. en otoño
N. voy a
O. hacéis ........... después
P. tomar otra cosa
Q. Un momento
R. La una y cuarto.
S. hacemos
T. es muy puntual.
U. soy ........ tengo una cita ....... a las 11.
V. Muchas gracias.
W. a Pedro
X. .......... está aquí
Y. muchas gracias.
Z. Vienes a

1. △ ¿Vienes a _la playa con nosotros_ ?
   ○ No, _no tengo tiempo,_ me voy a estudiar.

2. △ ¿ _Qué hora es_ ? K.
   ○ _La una y cuarto_ R.

3. △ ¿Qué _hacemos_ hoy?
   ○ _Vamos al Cine,_ hay una película estupenda en el Liceo.

4. △ ¿Os vais?
   ○ Sí, _nos vamos ya_ .
   △ ¿No queréis _tomar_ ? otra cosa
   ○ No, de verdad, _muchas gracias_ _es muy tarde_

5. △ ¿ _Trabajas_ mucho? C
   ○ No, sólo _en primavera_ y _verano_ .
   △ ¿Por qué?
   ○ Porque en invierno _no hay muchos turistas_
   △ ¿Y _en otoño_ no vienen turistas?
   ○ Sí, pero menos que en temporada alta. _high season_

6. △ ¿Qué _hacéis_ normalmente _después_ del trabajo?
   ○ Yo _voy a_ un gimnasio.

7. △ ¿ _Vienes a_ tomar un café?
   ○ De acuerdo.

8. △ Buenos días, _soy_ Lourdes Pérez y _tengo una cita_ con la señora Chacón _a las 11_ .
   ○ _Un momento_ , por favor. Señora Chacón, _está aquí_ la señora Pérez.
   (....)
   △ Pase usted.
   ○ _Muchas Gracias_

9. △ ¿Invitamos _a Pedro_ ? W
   ○ ¡ _Ni hablar_ ! Pedro es _muy aburrido_ G

10. △ ¿ _A qué_ hora es _la clase_ ?
    ○ _A las nueve_ en punto.
    △ Sí, sí, en punto. Esta profesora _es muy puntual_

¡Qué buen chico!

¡Vaya!    ¡Qué tontería!    ¿Verdad?

¡Ni hablar!    ¡Qué aburrido!    Lo siento.

# Gramática

## VERBOS IRREGULARES EN *-AR* y *-ER* con cambio vocálico E>IE

|  | *EMPEZAR* | *QUERER* |  | *EMPEZAR* | *QUERER* |
|---|---|---|---|---|---|
| (yo) | empiezo | quiero | (nosotros / as) | empezamos | queremos |
| (tú) | empiezas | quieres | (vosotros / as) | empezáis | queréis |
| (él / ella, usted) | empieza | quiere | (ellos / ellas, ustedes) | empiezan | quieren |

OTROS: *cerrar, despertar(se), pensar, entender, encender*

## VERBOS IRREGULARES MUY USUALES:

|  | *HACER* | *IR(SE)* | *VENIR* |
|---|---|---|---|
| (yo) | hago | (me) voy | vengo |
| (tú) | haces | (te) vas | vienes |
| (él / ella, usted) | hace | (se) va | viene |
| (nosotros / as) | hacemos | (nos) vamos | venimos |
| (vosotros / as) | hacéis | (os) vais | venís |
| (ellos / ellas, ustedes) | hacen | (se) van | vienen |

### IR (a un sitio)
**Voy al** gimnasio tres veces por semana.
¿**Vamos a** la playa?

### IRSE (de un sitio)
**Me voy**, tengo mucha prisa.
**Nos vamos**, es tarde.

| *CONTRACCIONES* | A + EL = AL | *Voy al gimnasio los lunes, miércoles y viernes.* |
|---|---|---|
|  | DE + EL = DEL | *¿Qué haces después del trabajo?* |

### VERBO + ADVERBIO (INVARIABLE)
Trabaja **mucho**.
Trabaja **poco**.

### ADJETIVO (VARIABLE) + NOMBRE
En verano hay **mucha gente** en la playa.
En invierno hay **pocos niños** en la calle.

# LA HORA Y LA FECHA

| Pregunta. | Respuesta. |
|---|---|
| - ¿Qué hora es? | - Es la una. |
| - ¿Tienes hora? | - Son las tres, las cuatro ... \| + y + minutos / cuarto /media<br>\| + en punto<br>\| + menos + minutos /cuarto |
| | - Lo siento, tengo el reloj parado. |
| - ¿Qué día es hoy? | - Hoy es lunes, martes ...<br>- Es 15 (quince), 21 (veintiuno), 30 (treinta)... |
| - ¿A qué estamos hoy? | - Estamos a quince (15), veintiuno (21), treinta (30)... |

**¡OJO!**

| Ser (muy) pronto - Llegar<br>Ser (muy) tarde - Llegar | Levantarse (muy) pronto.<br>Levantarse (muy) tarde. | Tener mucha prisa. |
|---|---|---|

*to arrive* *to get up* *to be in a hurry*

## DÍAS DE LA SEMANA

Lunes
Martes
Miércoles
Jueves
Viernes
*El fin de semana:*
Sábado
Domingo

# ESTACIONES DEL AÑO

Primavera

Verano

Otoño

Invierno.

## EXPRESIONES DE TIEMPO

Hoy.
Por la(s) mañana(s).
Por la(s) tarde(s).
Por la(s) noche(s).
A mediodía.
Antes de; después de
+ INFINITIVO.
Ahora mismo. *now*
Temprano. *early*
Tarde / pronto.

## EXPRESIONES DE COSTUMBRE Y FRECUENCIA

**Para preguntar:**

– ¿A qué hora te levantas?
– ¿A qué hora abren las tiendas ?
– ¿Qué hacéis los fines de semana?
– ¿Qué haces los domingos por la tarde?
– ¿Cuándo estudias?
- ¿Cuándo haces deporte?

**Para contestar:**

– (Casi) Siempre.
– Normalmente.
– Todos los días / los fines de semana.
– Una / dos ... veces por semana.
– (Sólo) A veces. *at times* vez, veces
– (Casi) Nunca.

# *Vamos a practicar*

 **1** Escucha los diálogos y relaciónalos con el dibujo ~~drawing~~ correspondiente.

 **2** Escucha y señala lo que hace Beatriz:

|  | SÍ | NO |
|---|---|---|
| Descansar. | ✓ |  |
| Ir al teatro. |  | ✓ |
| Cenar en un restaurante. | ✓ |  |

|  | SÍ | NO |
|---|---|---|
| Ir al cine. | ✓ |  |
| Comer con la familia. | ✓ | ✗ |
| Ir a la discoteca. | ✓ |  |

**3** Pregunta / contesta a tu compañero(a). Elige las frases con sentido.

ALUMNO A

– ¿A qué hora empieza la película?
– ¡Ah! es pronto, tenemos tiempo.
– Es muy tarde.

– ¿Qué ............... hoy?
– ¿Vamos a la playa / discoteca?

– ¿Estudias o trabajas?
– ¿A qué hora empiezas? ¿A qué hora terminas?
– ¿Cuándo estudias?
– ¿Adónde vas de vacaciones?
– ¿Cuándo haces la limpieza de casa?
– ¿Qué quieres tomar?

ALUMNO B

– A las ..............
– ¿Tomamos un café antes?
– No tenemos tiempo.

– ¿A la playa?
– ¿A las 10,30?
– ¿A la discoteca?

– ¿Yo? Nunca.
– Por la mañana / por la tarde / por la noche.
– .................... a las y .............. ............... a las .................
– Un agua sin gas.
– Los fines de semana.
– Los sábados por la mañana.
– A la playa / montaña / al pueblo.

**4** Completa con las formas correctas de los verbos entre paréntesis.

Fíjate en:

| depende de |
| --- |
| además |
| entre las + hora |
| y las + hora |

– ¿Cuándo (abrir) .................... las tiendas?
– ¡Uf! **Depende** del tipo de tienda. Unas (tener) ...................... un horario, otras otro. **Además**, los bancos no (trabajar) ......................... los sábados. Pero normalmente (abrir) ......................... **entre las 9,30** y **las 10**.
– ¿Y (cerrar) .................... a la hora de comer?
– También **depende**. Los grandes almacenes, no. Las otras tiendas, sí.

*Explica en clase cómo son los horarios en tu país.*

**5** Completa las frases con una de las construcciones del recuadro.

> *In the morning*
> Por la mañana. ✓
> Llegan. *arrive* ✓
> Tengo.
> Nos vamos. ✓
> *you pl.* Venís.
> Me levanto. ✓
> Hasta mañana. ✓
> Tenemos tiempo.

**1** – Yo, en verano, *me levanto* más temprano.
  – Pues, yo más tarde, porque *tengo* vacaciones.

**2** – ¿Cuándo *llegan* los clientes de la suite Marbella?

**3** – Me voy mañana *por la mañana*.
  – ¡Que te lo pases bien !
  *Have a good time*

**4** – Tenemos prisa, *nos vamos* a casa.
  – Bueno, pues, *hasta mañana*.

**5** – ¿ *Venís* a tomar un café?
  – Gracias, pero no *tenemos tiempo*.

**6** Aquí tienes una serie de verbos; colócalos en la frase adecuada. Algunos no son necesarios.

> Limpiamos ✓   Nos levantamos
> Vengo          Estás
> Nos vamos ✓    Van ✓
> Llega          Se dedica a ✓

*¡Ah!, si no conoces alguna palabra, búscala en el diccionario, claro.*

En casa, normalmente *nos levantamos* temprano, entre las 6 y las 6,30, porque trabajamos o estudiamos. Todos *nos vamos* de casa al mismo tiempo.

Yo voy a la Facultad en autobús. Mis padres *van* *parents* en coche. Todos comemos fuera. *all of us eat out*

Por la tarde, el primero que *llega*, hace la cena *dinner* y arregla un poco la casa.

Casi siempre cenamos juntos. *Almost always* *together*

Los fines de semana *limpiamos* la casa entre todos y luego *next* cada uno *se dedica a* sus cosas.

**7** En parejas. Averigua los siguientes datos sobre tu compañero(a).

**1** – ¿A qué se dedica?
**2** – ¿Dónde vive?
**3** – ¿Con quién?
**4** – ¿Qué hace un día normal?
**5** – ¿Y los fines de semana?
**6** – ¿Adónde va de vacaciones?

**8** Ahora, en parejas, haced las mismas preguntas a Maruja López y a Manolo Rodríguez y pensad bien las respuestas.

# *Se dice así*

**1** ¿Conoces esta canción?

*Do you know song*

Esta canción habla de las fiestas más conocidas internacionalmente: los Sanfermines, que se celebran en Pamplona en el mes de julio.

1 de enero
2 de febrero
3 de marzo
4 de abril
5 de mayo
6 de junio
7 de julio, San Fermín.

Ahora vamos a jugar un poco. Te damos los nombres de los meses del año y una lista de fiestas y actividades. Colócalos en su mes correspondiente. Si no sabes, pregunta a tu profesor(a).

– ¿Cuándo se celebra(n) ................
.................................... en España?

– .................................................... .

| | |
|---|---|
| Enero | La Virgen del Pilar, patrona de España. |
| Febrero | Los exámenes finales. |
| Marzo | Los Reyes Magos. *Three wise men* |
| Abril | El día de la Constitución. |
| Mayo | Semana Santa. *Holy week* |
| Junio | Los Carnavales. |
| Julio | La fiesta de los Difuntos. *dead* |
| Agosto | Las vacaciones de verano. |
| Septiembre | La vendimia. *Grape Harvest* |
| Octubre | El día del padre. *San Jose* |
| Noviembre | El día de la madre. |
| Diciembre | Santiago, patrono de España. |

**2** Aquí te damos una serie de actividades. Pregunta a tus compañeros(as) cuándo las hacen.

Recuerda las expresiones de tiempo y frecuencia.

- ir a esquiar
- limpiar la casa
- cenar en un restaurante
- visitar a los amigos
- hacer la comida *make lunch*

- tomar el sol
- ir de excursión
- planchar
- nadar
- trabajar
- hacer deporte

- ir al gimnasio
- ir de compras *go shopping*
- montar en bicicleta
- descansar *rest*
- pasear *walk*

**3** Variedades hispanoamericanas.

| HISPANOAMÉRICA | | ESPAÑA |
|---|---|---|
| apurarse | = | darse prisa, tener prisa. *being a hurry* |
| demorarse | = | tardar. *to take a long time* |
| recién (Arg., B., Ch., Ur., Perú, Ec.) | = | ahora mismo, apenas, sólo. |
| seguido (Méx.) | = | frecuentemente. |
| recio (Méx.) | = | deprisa. |
| luego (Chile) | = | pronto. |

# Un paso más

**1** Lee este pequeño texto con tu compañero(a).

**Contesta a estas preguntas:**

– ¿Qué problemas tiene Silke?

– ..............................................

..............................................

– ¿Cómo es en tu país?

– ..............................................

..............................................

– ¡Hola, Silke! ¿Qué tal tus primeros días en España?
– ¡Hola, Bernardo! Bien, pero todo es muy raro.
– ¿Qué significa "raro"?
– Que aquí la vida empieza muy tarde, los españoles casi no desayunáis, coméis mucho y muy tarde, las tiendas cierran a mediodía y ...
– ¡Qué exagerada! Entonces, ¿para ti todo está mal?
– No, mal no, pero diferente. En

mi país, el día empieza a las 6 o las 7 de la mañana y la cena es entre las 6 y las 7 de la tarde.
- ¡Fíjate! ¡Pues aquí, a esa hora, tomamos café!

**2** Lee este pequeño texto y después escribe las respuestas a estas preguntas:

– ¿De qué trata el texto?

– ..............................................

..............................................

– ¿Dónde está la Puerta del Sol?

– ..............................................

..............................................

– ¿Qué hacen los españoles el 31 de diciembre?

– ..............................................

..............................................

En los países del norte, se recibe el Año Nuevo con champán. Los españoles también bebemos champán, pero tenemos una costumbre diferente. En la cena de Año Viejo, siempre hay uvas... En todo el país, la gente espera las doce campanadas del reloj de la Puerta del Sol de Madrid y escucha la radio o ve la televisión. La tradición es así: a las doce en punto, todo el mundo come una uva con cada campanada; así hay suerte para cada mes del año nuevo.

## Ahora ya sabes

**FUNCIONES**

Hablar de horas y de fechas.

Hablar de algunas costumbres, situar en el tiempo.

Expresar costrumbres y frecuencia.

**GRAMÁTICA**

Verbos irregulares en -AR y en -ER.

Presente de HACER, IR(SE) y VENIR.

Contracciones AL, DEL.

**VOCABULARIO**

Actividades cotidianas, frases típicas.

Meses del año y estaciones, días de la semana.

Variedades hispanoamericanas.

# ¡QUÉ CARA ESTÁ LA VIDA!

## UNIDAD 4

## ¿*Eres capaz de...*?

**¿Eres capaz de situar estas frases?**

– Medio kilo de jamón, por favor.  `4`

– Buenos días, señor, ¿qué le pongo?  `2`

– 2.700 pesetas (16,23 €). ¡Madre mía! ¡Qué caro!  `1`

– ¿Cuánto cuesta un billete de avión Málaga - Madrid?  `3`

## *Pretexto*

**EN UN MERCADO.**

△ Buenos días, señor, ¿qué le pongo?

○ La merluza está fresca, ¿verdad?

△ ¡Claro que sí!

○ Entonces, póngame ésta. ¿Cuánto es?

△ 1.245 pesetas (7,48 €). Hay casi un kilo.

△ Medio kilo de ese jamón, por favor.

○ ¿De éste?  *how much is it*

△ Sí, sí, de ése. ¿A cómo está?

○ A 4.800 pesetas el kilo (28,85 €). Es de Guijuelo, ¿eh?

### EN UNA OFICINA.

△ Con este dinero no llego a fin de mes.

○ Es que la vida está **por las nubes** (muy cara).

△ Y además, este mes, el seguro del coche. ¡Quiero ganar más!

○ **¡Toma!** ¡Y yo!

### DELANTE DEL CINE.

△ ¿Vamos el miércoles al cine?

○ El miércoles es el día del espectador, ¿no?

△ Sí, por eso cuesta menos.

### EN UN ESTANCO.

△ ¿Me da un bonobús, por favor?

○ Aquí tienes. Son 1.000 pesetas (6,01€). ¡Ah!, perdón, con el carné de estudiante cuesta menos: son 700 pesetas (4,21€).

△ Gracias.

### EN EL AEROPUERTO.

△ ¿Cuánto cuesta un billete de avión Málaga - Madrid?

○ ¿En vuelo regular o con tarifa mini?

△ ¿Me puede decir el precio de los dos, por favor?

○ El vuelo regular cuesta 32.600 pesetas (195,93€) y la tarifa mini, 26.100 pesetas (156,86€).

△ Gracias.

### EN LA CALLE.

△ ¿A cómo está hoy el dólar?

○ A 165 pesetas (0,99€), más o menos.

△ ¡Qué poco!

## EN UNA BOUTIQUE.

△ ¿Qué desean?

○ Quisiera una americana para combinar con este pantalón.

△ ¿Qué talla usa?

○ La 56.

△ Pues en esa talla sólo tenemos aquéllas.

△ Mira aquellos zapatos. ¡Son preciosos!

○ Sí, y ¡qué baratos! Sólo cuestan 3.500 pesetas (21,04 €).

△ **¡Qué lástima!** Está cerrado.

## EN UN BAR DE LA PLAYA.

△ ¿Me dice cuánto es todo?

○ 2.700 pesetas (16,23 €), por favor.

△ ¿2.700, dos vinos y dos tapas? ¡Qué caro! Yo aquí no vuelvo.

□ En mi país cuesta más o menos igual.

## EN UN TAXI.

△ Al hotel *Byblos*, por favor.

○ Ya estamos, señora.

△ Muy bien. ¿Me cobra?

○ 4.250 pesetas (25,54 €).

△ **¡Qué barbaridad!**

○ Señora, son tres maletas y los palos de golf.

△ **Bueno, vale**. Aquí tiene 4.500 y quédese con la vuelta.

○ Muchas gracias y buenas vacaciones.

# Cara a cara

Pregunta - contesta a tu compañero(a). Puedes ayudarte con el pretexto.

Usa las expresiones del recuadro.

A. A cómo está
B. Qué barbaridad... Qué
C. Qué desea
D. éste de aquí
E. cuestan
F. está por las nubes. *Clouds*
G. 3.800 (22,84 €).
H. jamón.
I. cuestan
J. vuelo regular. *Regular flight*
K. 25.900 pts. (155,66 €).
L. es todo
M. un billete
N. de ése.
O. Me da
P. Son 31.975 ptas. (192,17 €),
Q. A ..... pesetas.
R. Quisiera
S. son ...... baratos.
T. 12.012, por favor (72,19 €).
U. cuánto es
V. el día
W. Ese día ........ cuesta menos.
X. tiene. Son
Y. cuestan
Z. me cobra

1. △ ¿Cuánto ......cuestan...... aquellos zapatos?
   ○ ...3.800 ptas 22,84 €...
   △ ¡...Qué barbaridad...! ¡...Qué... caros!

2. △ ¿ ...Qué desea...?
   ○ ...Quisiera...... un pantalón negro.

3. △ ¿Me dice ...cuánto es...?
   ○ ...25.900 pt...... , por favor. (155,66 €)

4. △ ¿ ...A cómo está...... el dólar?
   ○ ...A... 175 ...pesetas... .

5. △ Con ...no me..todo...... no llego a fin de mes.
   ○ Es que la vida ...está por las nubes...

6. △ Medio kg. de ...jamón... .
   ○ ¿De ...éste de aquí...?
   △ Sí, sí, ...de ése... .

7. △ ¿Cuánto ...cuestan...?
   ○ Son 12.012 (72,19 €) por favor

8. △ ¿Cuánto cuesta ...un billete... de avión Málaga - Madrid?
   ○ ¿En vuelo regular o con tarifa mini?
   △ En ...vuelo regular...
   ○ En vuelo regular ...Son 31.975 ptas 192,17 €...
   △ Gracias.

9. △ Aquellos zapatos son preciosos.
   ○ Sí, y ...son... muy ...baratos...
   △ Es verdad, sólo ...cuestan... 7.500 pesetas (45,08 €).

10. △ ¿ ...Me da...... un bonobús, por favor?
    ○ Aquí ...tiene...Son... 1.000 pesetas (6,01€).

11. △ ¿Qué es ...el día... del espectador?
    ○ ...Ese día... ir al cine ...cuesta menos...

12. △ Señora, ahí está el hotel Byblos.
    ○ Muy bien, ¿...me cobra...?

Por las nubes.

Bueno, vale.

¡Claro que sí!     ¡Qué barbaridad!

*Check for H/w.*

# *Gramática*

## VERBOS IRREGULARES EN *-AR* Y EN *-ER*, con cambio vocálico: O>UE

|  | CONTAR | PODER |  | CONTAR | PODER |
|---|---|---|---|---|---|
| (yo) | cuento | puedo | (nosotros/as) | contamos | podemos |
| (tú) | cuentas | puedes | (vosotros/as) | contáis | podéis |
| (él / ella, usted) | cuenta | puede | (ellos / ellas, ustedes) | cuentan | pueden |

OTROS: *acostar(se), probar, costar...*

## VERBOS IRREGULARES MUY USUALES:

|  | DAR | PONER | DECIR |
|---|---|---|---|
| (yo) | doy | pongo | digo |
| (tú) | das | pones | dices |
| (él / ella, usted) | da | pone | dice |
| (nosotros /as) | damos | ponemos | decimos |
| (vosotros /as) | dais | ponéis | decís |
| (ellos / ellas, ustedes) | dan | ponen | dicen |

## LOS DEMOSTRATIVOS

ESTE PANTALÓN   ESE JAMÓN   AQUELLOS ZAPATOS

| Este, esta, *this* estos, estas. **AQUÍ.** | – Quiero una americana para combinar con **este pantalón**. |
|---|---|
| Ese, esa, *that* esos, esas. **AHÍ.** | – Póngame medio kilo de **ese jamón**. |
| Aquel, aquella, *that (further away)* aquellos, aquellas. **ALLÍ.** | – Mira, **aquellos zapatos** son preciosos. |
| Cuando ya conocemos la palabra, para no repetirla, usamos sólo el pronombre. | – Póngame **esta** (merluza). <br> – Sí, sí, de **ese** (jamón). <br> – De esa talla sólo tenemos **aquellas** (americanas). |

 ¡OJO!

## MÁS NÚMEROS

| | |
|---|---|
| **101** ciento uno | **1.000** mil |
| **105** ciento cinco | **1.001** mil uno |
| **119** ciento diecinueve | **1.105** mil ciento cinco |
| **150** ciento cincuenta | **2.000** dos mil |
| **200** doscientos | **3.000** tres mil |
| **300** trescientos | **500.000** quinientos mil |
| **400** cuatrocientos | **525.450** quinientos veinticinco mil cuatrocientos cincuenta |
| **500** quinientos | |
| **600** seiscientos | **1.000.000** un millón |
| **700** setecientos | **50.000.000** cincuenta millones |
| **800** ochocientos | **1.000.000.000** mil millones |
| **900** novecientos | |

doscient**os**
euros

doscient**as**
pesetas

un millón **de** + sustantivo.

Un millón de pesetas.
Un millón de habitantes.

**¡OJO!**

Se dice: **100 (cien) + mil + millones**.

*Ejemplos:*
**100.035 cien mil** treinta y cinco.
**100.000.008 cien millones** ocho.

Se dice: **ciento + unidades + decenas**.

*Ejemplos:*
**109 ciento nueve**.
**119 ciento diecinueve**.

## HABLAR DE PRECIOS

**PARA PREGUNTAR.**

– **¿Cuánto es todo?**
(Lo usamos en el momento de pagar).

– **¿Cuánto cuesta** | + nombre?
– **¿A cómo está** |
(Lo usamos para pedir información sobre precios)

*Ejemplos:*
– **¿Cuánto es** (la merluza)?
– **¿Cuánto cuesta** un billete de avión Málaga - Madrid?
– **¿A cómo está** hoy **el dólar**?

**PARA CONTESTAR.**

– **(Son) + cantidad exacta**

– **Aproximadamente** | **unas + cantidad** *quantity*
| **cantidad + más o menos**

– **A + cantidad exacta / aproximada.**

*Ejemplos:*
– **1.245 pesetas** (7,48 €).
– En tarifa mini **son...**
– **A 165 pesetas, más o menos.**

## FÍJATE EN ESTAS EXPRESIONES:

– Cuesta menos.
– Quiero ganar más.
– En mi país cuesta más o menos igual.

– ¡Qué barbaridad!
– Quédese con la vuelta. *Keep the change*
– La vida está por las nubes.

– ¡Qué caro!
– ¡Qué baratos!
– ¡Qué poco!

# Vamos a practicar

 **1** Aquí tenéis un mapa de España con algunas ciudades. A continuación, escuchad los prefijos telefónicos. Anotadlos en la ciudad correspondiente.

 **2** *Galerías ¡QUÉ PRECIOS!* anuncian sus grandes rebajas de otoño - invierno. Escuchad y tomad nota de estos precios.

**3** Pregunta / contesta a tu compañero(a).

pay o aea

Paga y añade algún comentario como los aprendidos en la gramática.

| Pregunta el precio de: | Contesta con el precio más adecuado (algunos precios no son necesarios): | |
|---|---|---|
| unos / los zapatos | | |
| un / el billete de tren a … | | |
| un / el kilo de ciruelas plums | 1.250 ptas. | 370 ptas. |
| un / el bonobús | 125 ptas. | 6.500 ptas. |
| un / el periódico | 12.300 ptas. | 860 ptas. |
| un / el cuaderno notebook | 3.500 ptas. | 413 ptas. |
| un / el diccionario | 7.495 ptas. | 15 ptas. |

*Finger food.*

**4** Completa los datos que te faltan con la información que tiene tu compañero(a).

| ALUMNO A | ALUMNO B |
|---|---|
| Un trabajador de la construcción gana al mes: 184.561 | Un trabajador de la construcción gana al mes: 184.561 |
| En el sector servicios, un trabajador gana: 236.262 | En el sector servicios, un trabajador gana: |
| En la industria, gana: 247.624 | En la industria, gana: 247.624 |
| Un médico gana: 495.000 | Un médico gana: |

**5** Completa con las formas correctas de los verbos que están entre paréntesis:

*H/W*
*expenditure*
*pagar to pay*

Ahora (ganar, yo) ...gano... unas 190.000 pesetas netas (1.141,92 €) y con ese dinero no (poder, yo) ...puedo... hacer grandes gastos; sólo (tener, yo) ...tengo... para vivir. El alquiler y la *rent* comunidad me (costar) ...cuestan... 65.000 pesetas (390,66 €). Además, pago la luz, el agua y la basura, y, en la comida, gasto unas 60.000 pesetas (360,61 €).

*rubbish refuse.* *food* *gastar - to spend.*

**6** Elige el verbo adecuado.

*H/W*

1 – La gente **cuenta** / **dice** que la vida está por las nubes.
2 – Un refrán dice que el dinero no **cuesta** / **da** la felicidad.
3 – Buenos días, señor, ¿qué le **pongo** / **hago**?

**7** Escucha y coloca las frases en el dibujo correspondiente.

**8** Habla con tu compañero(a). Pregúntale cuánto cuestan en sus países estas cosas:

– ¿Cuánto cuesta (en tu país) una entrada de cine?
– Unas + cantidad (*más que aquí*).
        (*menos que aquí*).
        (*más o menos igual que aquí*).

*rent*
– ¿ ................................. el alquiler de un piso?
– ¿ ................................. el kilo de carne?
– ¿ ................................. una botella de leche?
– ¿ ................................. un coche de segunda mano?
– ¿ ................................. un café?
– ¿ ................................. un billete de metro / autobús?

*libra esterlina - £ sterling*

# Se dice así

**1** **HACER LA COMPRA.**

Aquí tienes una lista de frases. Elige las que se usan en las tiendas:

– ¿Me pone 2 kg. de ...?
– ¿Qué le doy?
– ¿Tienen ...?
– Quédese con la vuelta.
– ¿Me dice cuánto es todo?
– Quisiera una falda de la talla 42.
– ¿A qué hora empieza ...?

Haced tu compañero y tú la lista de lo que necesitáis.

**IR DE COMPRAS.**

Tenéis 25.000 pesetas (150,25 €) para gastar. A la derecha está la sección de rebajas de *Galerías ¡QUÉ PRECIOS!* Comprad sin pasaros.

**2** Vamos a jugar. Uno tras otro, cada alumno debe hacer su compra de frutas y verduras, y añadirla a la del anterior, como en el dibujo.

¡Que lo paséis bien!

LISTA DE LA COMPRA DEL MES

champú
gel de baño
crema hidratante
algodón
detergente
papel higiénico
lavavajillas
una fregona
fruta
verdura
pastas
arroz
huevos
leche
azúcar
aceite
café
vino

GALERÍAS ¡QUÉ PRECIOS!
REBAJAS

1 CAMISA 3.500 2: 5.000
FALDAS LARGAS DESDE 6.900
BERMUDAS 2.500
BAÑADORES DE SEÑORA 6.500
CAMISETAS 3×6.995
PANTALÓN DE CABALLERO 9.999
BOLSOS DESDE 2.500
ZAPATOS DE SEÑORA 7.500
ZAPATOS DE CABALLERO 8.799
VESTIDOS DESDE 4.495
ZAPATILLAS DEPORTIVAS DESDE 8.900

VOY AL MERCADO Y COMPRO 1KG. DE MANZANAS.

VOY AL MERCADO Y COMPRO 1KG. DE MANZANAS Y 1/2 KG. DE PATATAS.

**3** Variedades hispanoamericanas.

| HISPANOAMÉRICA | | ESPAÑA |
|---|---|---|
| **heladera** (Arg., Ch., Par., Ur.) | = | nevera. |
| **camote** | = | batata. |
| **bolillo** (Méx.) | = | panecillo. |
| **jojoto** (Ven.) | = | maíz tierno. |
| **papa** | = | patata. |
| **enchilada** (Méx.) | = | torta de maíz rellena. |
| **pulpa** (Arg., Par., Ur.) | = | carne de res, sin hueso. |

# Un paso más

**1** Escucha y anota el nombre de las monedas de los países hispanoamericanos.

**Ojo, algunas se repiten.**

| | | | | | |
|---|---|---|---|---|---|
| España | *peseta* | Bolivia | *peso* | Perú | *sol inti* |
| Argentina | *peso* | Venezuela | *Bolívar* | Colombia | *peso* |
| Uruguay | *peso* | Ecuador | *sucre* | El Salvador | *colón* |
| Puerto Rico | *dólar* | Guatemala | *quetzal* | México | *peso* |
| Cuba | *peso* | Chile | *peso* | República | |
| Honduras | *lempira* | Costa Rica | *colón* | Dominicana | *peso* |
| Panamá | *balboa* | Nicaragua | *córdoba* | Paraguay | *el guaraní* |

**2** Lee este texto y contesta después a estas preguntas:

– ¿De qué países habla?
– ¿Qué relación hay entre propinas y salarios?
– ¿De qué trabajadores habla?
– ¿Das muchas propinas? ¿A quiénes?

## LAS PROPINAS

A veces decimos que las propinas son innecesarias o malas, pero en algunos países los salarios son bajos.

Por esa razón, las propinas son una ayuda.

Por ejemplo, en México damos dos pesos por maleta a los porteros y botones de aeropuertos y hoteles. El personal de limpieza recibe dos pesos por noche y los camareros, del diez al veinte por ciento de la cuenta.

Otro ejemplo es Cuba. Allí se dan propinas en todos los sectores, sobre todo en el turístico, pero nunca en pesos. En un restaurante, por ejemplo, lo correcto es dar entre dos y cinco dólares.

# Ahora ya sabes

## FUNCIONES

Hablar de cantidades: precios, salarios, monedas, etcétera. ☐

El precio de cosas usuales ☐

Comparación entre países ☐

## GRAMÁTICA

Verbos irregulares en -AR y en -ER. ☐

Presente de los verbos DAR, PONER y DECIR. ☐

Algunas exclamaciones. ☐

Los demostrativos. ☐

Números del 100 en adelante. ☐

## VOCABULARIO

Hacer la compra: elementos necesarios. ☐

Ir de compras. ☐

Monedas de los países hispanoamericanos. ☐

Las propinas. ☐

Variedades hispanoamericanas. ☐

# repaso

## 1 Escucha y escribe las palabras correctamente.

un ..................... *pez* *país*   una ..................... *tiza* chalk   un ..................... *perro* dog

..................... *Guatemala*   los ..................... *vasos* glass   una ..................... *pera* pear

las ..................... *tijeras* sissos   ..................... *Venezuela*   ..................... *Ecuador*

las ..................... *guisantes*

## 2 Completa los diálogos.

1 – ¿Los ........................., por favor?
  – Al ............ ............ pasillo, ............ ............ derecha.

2 – ..................... tardes, ¿ ............ usted ............ señor Ramírez?
  – Sí, ............ ............ .

3 – ¡Hola! ............ Dominique.
  – ¿ ............ ............ , Dominique? Yo ............ Voira.

4 – ¿ ............ dónde ............ ?
  – ............ Corea ¿y ............ ?
  – Yo ............ danesa. *danish*

5 – Buenos días, ............ ............ Altolaguirre.
  – Altolaguirre. ¿ ............ ............ así?
  – Sí, muy ............ .

6 – ¿Qué ............ ............ hoy?
  – Martes, 25.

7 – ¿Qué ............ hoy? ¿ ............ a la playa?
  – ¿A la playa? ¡ ............ ............ ! Los domingos ............
    ............ gente.

8 – Por favor, ¿ ............ hora ............ ?
  – ............ una y ............ .

9 – ¿ ............ cuesta el bonobús?
  – ............ pts.

10 – ¿ ............ cómo ............ las sardinas?
  – Muy ............ : ............ 120 pesetas el kilo.

## 3 Dile a tu compañero(a) el nombre de cinco países hispanoamericanos; él / ella tiene que escribirlos con las nacionalidades correspondientes. Luego, al revés. Comparad.

| *Perú* | *peruano* | | |
|---|---|---|---|
| 1. ............ | ............ | 1. ............ | ............ |
| 2. ............ | ............ | 2. ............ | ............ |
| 3. ............ | ............ | 3. ............ | ............ |
| 4. ............ | ............ | 4. ............ | ............ |
| 5. ............ | ............ | 5. ............ | ............ |

# repaso

**4** Completa con: UN / UNA; EL / LA.

1 – ¿Dónde está ........... oficina de Correos?
  – En aquella plaza.
2 – ¿Hay por aquí ............ buzón?
  – No sé, no soy de aquí.
3 – ¿........... parada del autobús, por favor?
  – En esta calle no, en la paralela.

4 – ¿Tienes............. grabadora?
  – Sí, claro, encima de ..........mesa.
5 – ¿Dónde está .......... cuarto de baño?
  – En ............ pasillo.
6 – ¿Dónde hay ............ pastelería?
  – Mira, ahí mismo, cruzando ........... calle.

**5** Masculino o femenino.

1 Buen........ días.
2 ......... japoneses.
3' ...... cuarto de baño.
4 ............. garaje.
5 ............. gente.
6 ............ alquiler.
7 ............... huevos.
8 ............... botas.

**6** Completa el cuadro con las formas correctas de los verbos.

| | YO | TÚ | ÉL/ELLA/USTED | NOSOTROS/AS | VOSOTROS/AS | ELLOS/AS/USTEDES |
|---|---|---|---|---|---|---|
| PODER | | | | | | |
| TENER | | | | | | |
| CONTAR | | | | | | |
| EMPEZAR | | | | | | |
| ESTAR | | | | | | |
| COMER | | | | | | |
| IR | | | | | | |

**7** Pregunta a un(a) compañero(a) para completar la ficha.

Nombre ...... Sandra ...... Apellidos ...... Knight
Dirección ...... Congresbury ...... Teléfono ...... 999
Nacionalidad ...... Inglesa ...... Profesión ...... Secretaire

| IDIOMAS | REGULAR | BIEN | MUY BIEN |
|---|---|---|---|
| Español | ✓ | | |
| Inglés | | ✓ | |

**8** Pregunta / contesta a tu compañero(a) sobre sus / tus costumbres.

ALUMNO A
1– ¿Cuándo vas de vacaciones?
 – ¿Cuándo estudias?
2– ............................................
 – ............................................
3– ¿A qué hora te levantas?
 – ¿A qué hora te acuestas?
4– ............................................
 – ............................................

ALUMNO B
1– ............................................
 – ............................................
2– ¿Qué haces los sábados por la noche?
 – ¿Qué haces los domingos por la mañana?
3– ............................................
 – ............................................
4– ¿Vas mucho a la playa?
 – ¿Vas mucho a la discoteca?

# repaso

**9** Coloca estos nombres debajo de los símbolos correspondientes.

*Recogida de equipajes.* 2
*Ascensor.* 1
*Aduana* 3
*Control de pasajeros.* 4

**10** Di tres actividades que puedes hacer en:

*al teatro*
*al cine*

La ciudad ...ir de compras... *ir al gymnasio* *ir al museo*
El campo ...pasear, caminar... *montar a caballo* *ir de pesca*
La playa ...nadar... *tomar el sol* *jugar a Vestibol* *balonvolea*

**11** ¿Dónde trabaja?

*no article!*

Es recepcionista ⟶ trabaja en un hotel

médico *trabaja en un hospital* *centro del salud*

camarero *en un restaurante*

directora *en una empresa*

*Cashier* cajera *en una tienda*
*un banco.*

**12** Escucha y completa este pequeño poema.

...Treinta... días trae ...Septiembre...
con ...Abril..., junio y ...Noviembre...;
los demás traen ...treinta y uno...,   *traher to bring*
excepto febrero mocho, *(truncated, short)*
que sólo tiene ...Veinte ocho... .

**13** Colocad, tu compañero(a) y tú, los precios de estos productos:

*Periodico*   *Col*   *Pastel (cake, queso)*
2 ptas   300 pts   255   1/2 Kg.
*abrigo*   *falda*   *chaqueta*   *traje de baño / bañador*
70000 ests   3800   6321 pts
5143 pts
3260 pts
*un calcetin certo.*   *una mochila*

# repaso

**14** Escucha atentamente y completa esta información:

NOMBRE DEL CENTRO: ...... Ladios Centro ......
CUÁNTAS TIENDAS HAY: ...... mas de 1 00 ......
HORARIO: ...... Lunes → Sabado 10 – 10 nigh 1·30 Sundays r Fiestas ......
CUÁNTO TIEMPO SE PUEDE APARCAR: ...... 3 hrs free ......
CUÁNTO CUESTA EL APARCAMIENTO: ......

**15** Escucha de nuevo y coloca el centro en el mapa.

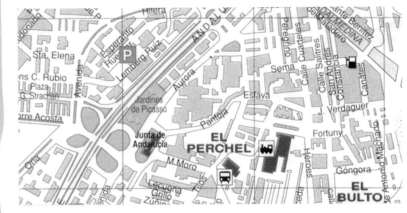

*Listen again*

**16** Escucha una vez más y coloca los nombres de las tiendas junto al número correspondiente a cada foto.

1 _____
2 _____
3 _____
4 ___ Hairdressers ___

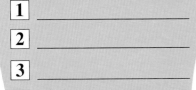

**17** Cada uno lee su texto y explica de qué se trata a su compañero(a).

**ALUMNO A**

El 28 de diciembre es el día de los Santos Inocentes. Ese día, en España, todo el mundo hace divertidas "inocentadas". Los periódicos, la radio y la televisión cuentan noticias que son mentira y… ¡ojo!, tú puedes tener un muñeco de papel en tu espalda.

**ALUMNO B**

En algunos pueblos de Colombia, hay una tradición que recuerda los tiempos de la esclavitud: *slavery* el 5 de enero, los blancos se pintan la cara de negro. Al día siguiente, los negros se pintan la cara de blanco.

# UNIDAD **6**

# ¿Y CÓMO ES ÉL?

## ¿*Eres capaz de...?*

**¿Eres capaz de situar estas frases?**

– ¡Mira, una foto de mi familia! `2`

– Luis parece muy cansado, ¿verdad? *tired* `4`

– No la conozco, ¿quién es? `3`

*Near* – ¡Llevas un vestido muy bonito! `1`

## *Pretexto*

**EN UNA OFICINA.**

△ **¡Oye!** ¿Dónde está el nuevo ayudante?

○ **Mira**, está ahí, con Pedro.

△ Parece muy joven, ¿no?

○ Pues sí, tiene veinte años, más o menos …

△ ¿Cuántos?

○ No sé, unos veinte.

**EN LA CALLE.**

△ ¿Quién es ese chico de ahí?

○ ¿Qué chico?

△ Ese, el que lleva pantalones vaqueros y una camiseta verde.

○ No sé, no lo conozco.

△ **¡Qué pena!** Es muy guapo y… parece muy simpático…

**EN LA BIBLIOTECA.**

△ Luis, ¿qué haces tú por aquí? La biblioteca no es tu lugar favorito, ¿no?

○ Pues no, pero Ana viene todos los días y…

△ ¿Ana? ¿Qué Ana?

○ Esa chica rubia, la de la coleta, la que está enfrente de ti.

△ ¿La conoces?

○ No la conozco, es nueva en la clase.

△ Tú nunca cambias, ¿eh?

**EN UNA OFICINA.**

△ El siguiente, por favor.

○ ¡Buenos días!

△ ¿Su nombre?

○ Francisco Iglesias.

△ Muy bien, nombre Francisco, primer apellido Iglesias, y ¿de segundo?

○ Rodríguez.

△ ¿Qué edad tiene?

○ Veinticinco años.

### EN UN TREN.

△ ¡Oye! ¿Qué te parece el novio de Cristina?

○ Es muy majo, ¿no?

△ Supongo que es majo, pero yo no me llevo muy bien con él... no sé... siempre que salimos, *go out* discutimos. *argue*

○ Pues a mí, **la verdad**, me cae muy bien.

### EN CASA. *at home*

△ ¿Quién es tu novio, Beatriz? Todavía no lo conozco. *She*

○ ¿Mi novio?

△ Sí... ¿Está en alguna foto? *some*

○ No, en ninguna, este álbum es de mis padres. *none*

   Mira... esta es la casa de Segovia.

△ Ya... Es muy antigua, ¿no?

○ Sí, bastante. Y esa es mi familia. *that p46*

△ Mira, la familia de mi marido. Los que están en el centro son los padres de Kenn...

○ ¿Y la chica joven que está a la derecha? *daughter*

△ Es Susy, la hija de Kenn.

○ ¿Cuántos años tiene?

△ Veintiuno. Vive en Inglaterra con su madre, pero ahora está en Granada estudiando español.

### EN UNOS GRANDES ALMACENES.

△ ¡Señorita, por favor!

○ Sí, ¿puedo ayudarles? *Can I help you*

△ Queremos algo para un bebé.

○ ¿Cuánto tiempo tiene? *how old is it*

△ Tres meses, pero está muy grande.

○ Bueno, a ver...

# *Cara a cara*

**Pregunta - contesta a tu compañero(a). Puedes ayudarte con el pretexto.**

**Usa las expresiones del recuadro.**

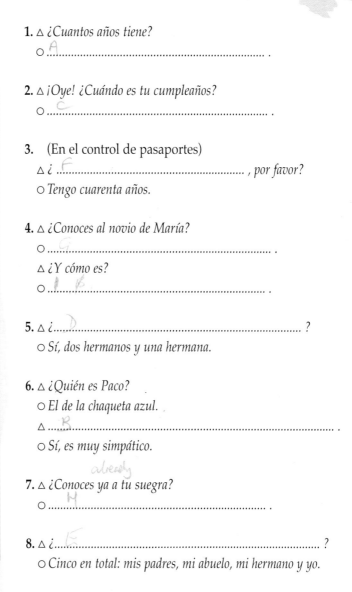

A. Tiene 35 años, más o menos.

B. Parece simpático.

C. El 25 de febrero.

D. Tienes hermanos

E. Cuántos sois de familia

F. Qué edad tiene,

G. Sí, me cae muy bien.

H. Claro que la conozco.

I. Pues es un chico muy majo.

**1.** △ ¿Cuantos años tiene?

○ .A.......................................................... .

**2.** △ ¡Oye! ¿Cuándo es tu cumpleaños?

○ .C.......................................................... .

**3.** (En el control de pasaportes)

△ ¿ .F.......................................................... , por favor?

○ *Tengo cuarenta años.*

**4.** △ ¿Conoces al novio de María?

○ .G.......................................................... .

△ ¿Y cómo es?

○ .I.  B.......................................................... .

**5.** △ ¿.D.......................................................... ?

○ *Sí, dos hermanos y una hermana.*

**6.** △ ¿Quién es Paco?

○ *El de la chaqueta azul.*

△ .B.......................................................... .

○ *Sí, es muy simpático.*

already

**7.** △ ¿Conoces ya a tu suegra?

○ .H.......................................................... .

**8.** △ ¿.E.......................................................... ?

○ *Cinco en total: mis padres, mi abuelo, mi hermano y yo.*

**Mira.**

**¡Oye!**   **¡Qué pena!**

**La verdad.**   **Bueno.**

# *Gramática*

## VERBO *CONOCER*

| (yo) | cono**z**co | (nosotros / as) | conocemos |
|---|---|---|---|
| (tú) | conoces | (vosotros / as) | conocéis |
| (él / ella, usted) | conoce | (ellos / ellas, ustedes) | conocen |

- ¡Oye! ¿Conoces a la novia de tu hermano?
- Claro que la conozco, es muy guapa.

## VERBO *PARECER*

| (yo) | pare**z**co | (nosotros / as) | parecemos |
|---|---|---|---|
| (tú) | pareces | (vosotros / as) | parecéis |
| (él / ella, usted) | parece | (ellos / ellas, ustedes) | parecen |

- La novia de tu hermano parece simpática, ¿no?
- Sí, la verdad es que es muy maja. *nice, attractive, good looking*

 **¡OJO!**
- La novi**a** de tu herman**o** parece simpátic**a**.
- Sí, mi herman**o** está muy content**o**.

## VERBOS EN *-AR*, *-ER* CON CAMBIO VOCÁLICO *E>IE: PENSAR*

| (yo) | p**ie**nso | (nosotros / as) | p**e**nsamos |
|---|---|---|---|
| (tú) | p**ie**nsas | (vosotros / as) | p**e**nsáis |
| (él / ella, usted) | p**ie**nsa | (ellos / ellas, ustedes) | p**ie**nsan |

Otros: perder, entender, querer.
- ¿Piensas ir al concierto de Gloria Estefan? Es el viernes.
- Me gustaría, pero no tengo dinero.

## ADJETIVOS POSESIVOS

| | SINGULAR | PLURAL | |
|---|---|---|---|
| (yo) | **mi** | **mis** | |
| (tú) | **tu** | **tus** | |
| (él / ella, usted) | **su** | **sus** | |
| (nosotros / as) | **nuestro(a)** | **nuestros(as)** | **+ NOMBRE** |
| (vosotros / as) | **vuestro(a)** | **vuestros(as)** | |
| (ellos / ellas, ustedes) | **su** | **sus** | |

■ **Relaciones con amigos y conocidos.**

*llevarse (handwritten)*

**Llevarse bien / mal con alguien:** tener una buena / mala relación.

*to get on well/badly with someone (handwritten)*

– *Yo, con mi suegra, me llevo muy bien. En serio… que sí…*

*seriously (handwritten)*

**Caer bien / mal a alguien:** gustar o no a alguien.

*to get on well/badly with someone (handwritten)*

– *¿Qué te parece el novio de María?*
– *La verdad es que es un poco pesado; no me cae bien.*

*heavy tedious boring (handwritten)*

■ **Llamar la atención.**

FORMAL

¡OIGA, POR FAVOR! ¿TIENE HORA?

INFORMAL

PERDONA… ¿TIENES HORA?

– ¡Oiga, por favor!
– ¡Perdone…!

– ¡Oye!
– ¡Perdona…!

■ **Confirmar una afirmación.**

BUENO, TE VEO MAÑANA, ¿VERDAD?

TENEMOS SÓLO DOS CERVEZAS, ¿NO?

¡CUÁNTO TIEMPO SIN VERNOS! ¿EH?

■ **Preguntar la edad.**

FORMAL
– ¿Qué edad tiene, por favor?
– ¿Su edad, por favor?

*age (handwritten)*

INFORMAL
– ¿Cuántos años tienes?

**¡OJO!**
Cuando se trata de bebés o de animales pequeños:
– *¿Cuánto/qué tiempo tiene?*

*when it is about babies or small animals (handwritten)*

# Vamos a practicar

**1** **¿Los conoces?**
**¿Cuántos años tienen?**

– *¿Sabes cuántos años tiene Kim Bassinger?*
    ○ **Unos** cuarenta años.
    △ Cuarenta años, **más o menos**.
    □ Pues, no (lo) sé; ni idea.

Harrison Ford

Shakka Khan

**2** **¿Tú o usted?** Escucha los diálogos y relaciónalos con las escenas correspondientes.

**1** – ¿Qué edad tiene?
   – Setenta años.

**2** – ¿Cuántos años tienes, guapo?
   – Tres.

**3** – Parece muy cansado, señor López, ¿quiere sentarse?
   – Sí, muchas gracias, Claudia, es usted muy amable.

**4** – ¿Cuántos kilos le pongo?
   – Dos de peras y uno de manzanas.

**3** Y ¿cómo son ellos?
¿Te atreves a describir a…?

Ahora describe a tu compañero(a).
¿Tiene algún parecido con alguno de los personajes descritos?

**PARA AYUDAROS:**

**ES** | alto / bajo / de estatura media / delgado / gordo
musculoso / atlético / fuerte
guapo / atractivo / feo / rubio / castaño
moreno / pelirrojo / calvo

**TIENE** | pelo corto
largo
pelo rizado
liso

**LLEVA** + ropas

 **Él** es alt**o**. **Ella** es alt**a**.

**4** Completa utilizando los siguientes verbos:

parecer

conocer

ser

llevarse bien / mal

llevar

caer bien / mal

estar

**a** – ¡Oye! ¿Qué te ...parece..... la profesora de literatura?
– Pues la verdad es que me ...cae..... muy bien, ...está..... muy preparada y, por lo menos, es...... lista, ¿no crees?
– No sé qué decirte…

**b** –El nuevo ayudante del director ....es........... listo, ¿no?
– Sí, es....... un tipo muy listo, pero también ...está, es...? un ambicioso…
– ¿Un ambicioso?
– Sí, lo ...conozco...... de la universidad.

**c** – ¿Qué tal te ...llevas.. con el resto de los compañeros del departamento?
– Por el momento, bastante bien, pero la verdad ..es...... que todavía no los ...conozco....... mucho. Pregúntame dentro de unos meses.

**d** – ¿Quién es el que ...lleva..... la corbata de flores?
– Ni idea. No lo ...conozco

63
sesenta y tres

# Se dice así

**1** Esta es la familia de Mark y Beatriz. Un poco complicada, ¿no?

**PARA AYUDARTE:**

Mark y Beatriz **están casados**.

Susan y David **están separados**.

Mark y Jenny **están divorciados**.

Suzy **está soltera**, pero tiene novio.

Alfonso **está soltero**.

Manuel e Isabel **viven juntos**.

La abuela Soledad **está viuda**.

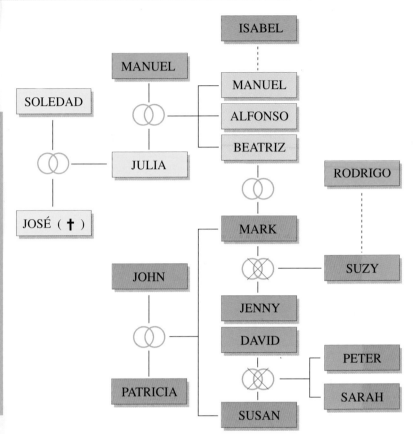

**2** Completa el siguiente texto:

Los **padres** de Mark son ......*Patricia*..... y ......*John*......; y los **padres** de Beatriz son ........*Julia*... y ..*Manuel*....... . Mark tiene sólo una **hermana**: se llama ...*Susan*......... y está separada de David. Susan tiene dos **hijos**: ...*Peter*............ y ....*Sarah*........ . Mark está divorciado y tiene una **hija** que se llama ....*Suzy*........ .

Beatriz tiene dos **hermanos**: ...*Alfonso*......... y ...*Manuel*...... . Manuel es el hermano mayor de Beatriz y vive con su **novia**. El pequeño, Alfonso, vive con sus padres y estudia en la universidad.

**3** Elabora el árbol genealógico de tu familia y explícaselo a tu compañero(a).

**4** Variedades hispanoamericanas.

| HISPANOAMÉRICA | | ESPAÑA |
|---|---|---|
| **chavo / a** (Mex.) | = | chico / a. |
| **pibe / a** (Arg., Ur.) | = | chico / a. |
| **viejo / a** (Arg., Chile, Ur.) | = | padre / madre. papá / mamá. |
| **mamá grande** (Mex., Col.) | = | abuela. |
| **papá grande** (Mex., Col.) | = | abuelo. |
| **guagua** (Arg., Bol., Col., Chil., Ecuad. y Per.) | = | nene, niñito. |

*(handwritten top margin: * trainig × comple, pain / ? to find / therefore / + housing)*

# Un paso más

**1** Lee el siguiente texto:

## EL 70% DE LOS MENORES DE 29 AÑOS VIVE EN CASA CON SUS PADRES.

EL 70% de los españoles de dieciocho a veintinueve años vive en casa, con sus padres. Increíble, ¿no? Las razones son bastante evidentes: los jóvenes terminan su formación a los veinticinco años aproximadamente; cuando terminan, tienen problemas para encontrar un trabajo y, por lo tanto, para pagar su propia vivienda.

Además, en España la vida en pareja antes del matrimonio no siempre está socialmente aceptada y, por eso, los jóvenes no salen de casa de sus padres hasta que se casan. En algunos casos, los hijos trabajan, pero prefieren vivir en casa, porque el hogar familiar "es el mejor hotel del mundo" y para los padres es un orgullo tener "unos hijos tan afectuosos que todavía quieren vivir en casa".

*(handwritten glosses: always / to get married / home / pride affectionate / still / so)*

**2** Según el texto, ¿por qué muchos de los jóvenes españoles de entre dieciocho y veintinueve años viven en el hogar familiar?

*(handwritten answer:)*
Porque los jovenes terminan su formación a los 25
La vida en pareja antes del matrimonio no siempre
esta socialmente acceptada.
El hogar familiar "es el hotel mejor del mundo

**3** Compara el estilo de vida familiar español con el de tu propio país.
Indica las diferencias.

*(handwritten: En Inglaterra)*
*(handwritten answer:)*
Muchos jovenes viven en pareja.
La vida familiar no es siempre apreciar para
los jovenes

## Ahora ya sabes

| FUNCIONES | | GRAMÁTICA | | VOCABULARIO | |
|---|---|---|---|---|---|
| Descripciones físicas. | ☐ | Verbo CONOCER. | ☐ | Adjetivos de rasgos físicos. | ☐ |
| Hablar de relaciones con otras personas. | ☐ | Verbo PARECER. | ☐ | La familia. | ☐ |
| Preguntar por la edad. | ☐ | Verbos en -AR, -ER con cambio vocálico E >IE. | ☐ | Estados civiles. | ☐ |
| Llamar la atención. | ☐ | | | Variedades hispanoamericanas. | ☐ |
| Confirmar una afirmación. | ☐ | Adjetivos posesivos. | ☐ | | |

*(handwritten: features physical)*

## ¿Eres capaz de...?

**¿Eres capaz de situar estas frases?**

– A mí me encantan los días de lluvia. ☒2

– Yo prefiero ver una película de Disney. ☒3

– No hay nada para preparar un bocadillo. ☒4

– Creo que es el último disco de Garh Brooks. ☒1

## Pretexto

**VIENDO EL PARTIDO.**

△ ¿Qué te parece el nuevo jugador del Barcelona?

○ ¿Quién? ¿Ronaldo? Es buenísimo…

△ Por eso te lo digo, y es tan joven…

○ ¿Sabes de dónde es?

△ Brasileño.

○ Pues es el jugador más caro del equipo.

△ Ya, **ya lo sé**. ¡Es increíble!

## EN LA CAFETERÍA DE LA ESCUELA.

△ Yo, **la verdad**, necesito las explicaciones gramaticales para saber cómo utilizar una nueva estructura de la lengua…

○ Pues yo prefiero aprender el vocabulario y las estructuras por el contexto, sin tener que pensar todo el tiempo en las reglas.

△ Ya, pero es que tú eres italiana y es más fácil para ti…

○ Bueno, sí, supongo que es verdad …

△ A mí, lo que más me gusta es aprender las expresiones coloquiales. Ese libro… *Bajarse al moro*, es fenomenal, ¿no crees?

○ Sí, pero ¿para qué quiero yo todo el vocabulario de la droga? Nunca voy a utilizarlo.

△ Pues no, pero, al menos, es interesante conocerlo, **¿no te parece?**

△ Mira, yo lo que necesito es aprender la gramática… los verbos y todo eso…

○ Pero si sólo aprendes la gramática, al final vas a hablar como un libro.

△ Cuando leo un texto o algo así, sólo necesito saber cuál es la idea general, **o sea**, saber de qué están hablando…

○ Sin embargo, a mí, cuando leo algo, me gusta entender todas las palabras y saber qué significan en mi propia lengua…

embergar - hinder
impede

**EN EL TRABAJO.**

△ ¡Eh, Pedro! ¿Tienes ya casa?

○ Chico, no encuentro nada…

△ Yo conozco una agencia inmobi-
liaria, está muy cerca de aquí…
¿Vamos? **¡Venga!** Te acompaño.

○ Bueno, no perdemos nada…

**UNOS DÍAS MÁS TARDE.**

△ ¡Hola Pedro! ¿Qué tal te va con
el piso?

○ Muy bien, me encanta… es
grande, luminoso… y además,
está muy bien de precio.

△ ¡Genial! Me alegro mucho.

○ Un día de estos te lo enseño,
**¿vale?**

**EN LA CALLE.**

△ Oye, ¿conoces ya la nueva
película de Almodóvar?

○ No, todavía no, ¿qué tal es?

△ A mí me gusta, pero las críticas
son muy negativas.

○ Bueno, ya sabes que la crítica
siempre es muy dura con
Almodóvar…

△ Me gusta mucho la moda de
este año, mucho más que la del
año pasado.

○ Pues a mí, no, si quieres que te
diga la verdad, hija.

△ ¿No te gusta esa chaqueta?

○ No mucho. Es demasiado
ancha, y mira esa falda… es
horrible.

# Cara a cara

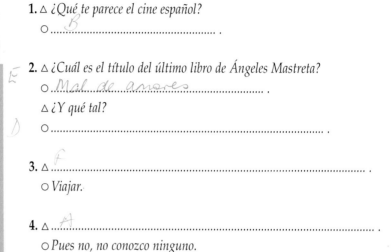

**Pregunta - contesta a tu compañero(a). Puedes ayudarte con el pretexto.**

**Usa las expresiones del recuadro.**

A. ¿Conoces algún país de la antigua Europa del Este?

B. Muy bueno.

C. Es que no sé.

D. Creo que es bastante bueno.

E. Mal de amores.  2

F. ¿Qué te gusta hacer los fines de semana?

1. △ ¿Qué te parece el cine español?
   ○ ...... B ................................. .

2. △ ¿Cuál es el título del último libro de Ángeles Mastreta?
   ○ Mal de amores ...................... .
   △ ¿Y qué tal?
   ○ .............................................. .

3. △ f ...........................................
   ○ Viajar.

4. △ A ...........................................
   ○ Pues no, no conozco ninguno.

5. △ Me encanta bailar "Macarena", ¿y a ti?
   ○ C ...................................... .
   △ No te preocupes, yo te enseño en un momento.

| Ya lo sé. | Venga. |
| ¿No te parece? | La verdad. |
| O sea. | Vale. |

# *Gramática*

## VERBOS IRREGULARES EN *-IR* CON CAMBIO VOCÁLICO *E >IE*: *PREFERIR*

| (yo) | pref**ie**ro | (nosotros / as) | preferimos |
|------|------|------|------|
| (tú) | pref**ie**res | (vosotros / as) | preferís |
| (él / ella, usted) | pref**ie**re | (ellos / ellas, ustedes) | pref**ie**ren |

OTRO: *divertirse.*

PREFERIR + | nombre singular / plural
           | infinitivo

– *¡Oye! ¿Vamos al cine esta noche?*

– *Uf, estoy un poco cansado. Creo que prefiero alquilar un vídeo y pedir una pizza,*
  *¿te importa?*

## LA DOBLE NEGACIÓN

– ¿Quieres algo de comer?

– Pues sí, tengo hambre, pero **no** hay **nada** en el frigorífico.

– ¿Tienes hermanos?

– **No**, **ninguno**. Soy hija única.

– ¿Vamos mañana a la ópera?

– ¿A la ópera? Estás loca, yo **no** voy **nunca** a la ópera, me aburre muchísimo.

– ¿Viene alguien por ese lado?

– No, **no** viene **nadie**, ya puedes salir.

PERO: – ¿Te gusta hacer deporte?

– Pues sí… me gusta esquiar, nadar, hacer footing… pero la verdad es que **nunca** tengo tiempo.

 **¡OJO!** En español la doble negación no es una afirmación.

## MUY / MUCHO(A)(OS)(AS)

| MUY + | **ADJETIVO** (grande, viejo, pequeñas) **ADVERBIO** ( bien, mal, tarde, pronto) | – ¿Nos vamos?<br>– Sí, ya es **muy** tarde. Esto lo terminaremos mañana, a primera hora, ¿vale? |
|------|------|------|
| VERBO + MUCHO | | – ¿Llueve **mucho**?<br>– Pues sí, y no tengo paraguas, ¿me llevas a casa? |
| MUCHO<br>MUCHA<br>MUCHOS<br>MUCHAS | + NOMBRE (frío)<br>(lluvia)<br>(problemas)<br>(nubes) | – ¿Salimos?<br>– Como quieras, pero hace **mucho** frío. |

## VERBO GUSTAR

| | | | |
|---|---|---|---|
| (a mí) | **me** | | – ¿Te gusta la vida en España? |
| (a ti) | **te** | gusta + singular | |
| (a él, ella, usted) | **le** | | |
| | | gusta + infinitivo | – ¿Te gusta vivir en España? |
| (a nosotros/as) | **nos** | | |
| (a vosotros/as) | **os** | | – Algunos aspectos, sí, pero |
| (a ellos,ellas, ustedes) | **les** | gustan + plural | otros… la verdad… |

**OTROS**: *encantar, divertirse.*

### CONTRASTAR GUSTOS

– A mí me encanta esquiar.

- A mí, también.

¿Sí? Pues a mí, no.

– A mí no me gusta el fútbol.

- A mí, tampoco.

¿No? Pues a mí, sí.

### PEDIR Y EXPRESAR OPINIONES

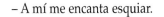

**Pedir opinión**

– ¿Qué opinas / piensas / crees de…?
– ¿Cuál es tu opinión sobre…?
– ¿Te gusta…?
– ¿Qué te parece?

**Dar opinión**

– Opino / pienso / creo que…
– Sí, me gusta / encanta.
– No, no me gusta.
– Me parece + ADJETIVO.

# Vamos a practicar

**1** Y tú, ¿qué opinas de... ?

una vergüenza *shame*
un arte
una necesidad
una moda
una obsesión
un espectáculo
un buen entretenimiento
un escándalo
un rollo *a bore*
una afición *fan*
divertido(a)(os)(as)
aburrido(a)(os)(as)
interesante(s)
útil(es)
violento(a)(os)(as)

-¿Qué te parecen los *"reality shows"*?
- Pues mira, creo que estos programas son una vergüenza.

– La película *Pulp Fiction*.

– Las películas de ciencia ficción.

– El fútbol.

– Los teléfonos móviles.

– Las corridas de toros.

– Este ejercicio.

**2** Pregunta a tu compañero(a).

– ¿Te gusta la música clásica?

– Pues sí, me gusta bastante, sobre todo Liszt y Chopin.

| | MUCHO | BASTANTE | POCO | NADA |
|---|---|---|---|---|
| La música clásica | | ✕ | | |
| Jugar a las cartas | | | ✕ | |
| *To Drive* Conducir | | ✕ | | |
| Estudiar idiomas | ✕ | | | |
| *Popular press?* Leer la prensa del corazón | | | ✕ | |
| Ir a la ópera | | | | ✕ |
| Navegar en Internet | | | | ✕ |
| Bailar bailes de salón | | | ✕ | |

**3** Habla con tu compañero(a).

- A mí me gusta estudiar en casa.
- Pues yo prefiero estudiar en la biblioteca, porque en casa siempre hay mucho ruido.

| ALUMNO A | ALUMNO B |
|---|---|
| · Escribir a mano. | · Escribir con el ordenador. |
| · Hacer footing. | · Jugar al squash. |
| · La comida china. | · La comida italiana. |
| · La música clásica. | · La música de jazz. |
| · El café. | · El té. |
| · El verano. | · El invierno. |
| · Leer. | · Escuchar música. |

**4** Habla con tu compañero(a) y di qué te sugieren estos colores. Es posible que no estéis de acuerdo.

Después escribe el adjetivo correspondiente:

– A mí, el color verde me sugiere ecología, ¿y a ti?
– A mí, me sugiere esperanza.

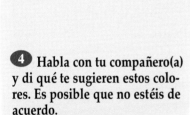

### ADJETIVOS

| | |
|---|---|
| **BLANCO** | Tranquilidad ...................................... |
| **AMARILLO** | Pasión ...................................... |
| **NARANJA** | Calor ...................................... |
| | Peligro *danger* ...................................... |
| **ROSA** | Esperanza ...................................... |
| **ROJO** | Aburrimiento *boredom* ...................................... |
| **AZUL** | Tristeza ...................................... |
| **VERDE** | Depresión ...................................... |
| | Ansiedad *anxiety* ...................................... |
| **MARRÓN** | Alegría *happiness* ...................................... |
| **VIOLETA** | Dolor *grief/pain* ...................................... |
| **GRIS** | Ecología ...................................... |
| **NEGRO** | Angustia *anguish* ...................................... |

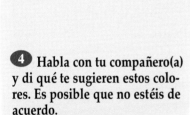

# Se dice así

**1** El tiempo atmosférico. Fíjate en las siguientes expresiones y en el mapa.

| Está | soleado / despejado. |
| | nuboso / nublado. |
| | tormentoso / lluvioso. |
| Hace | frío / calor / viento / sol. |

Llueve / nieva / hiela.

**2** Pregunta / contesta a tu compañero(a) y completa.

1. ¿Cuál es el tiempo previsto para hoy en Madrid?
2. ¿Qué tiempo hace en las Islas Canarias?
3. ¿Cuál es la temperatura máxima en Sevilla?
4. ¿Llueve en el norte de España?
5. ¿Cuál es la temperatura mínima en Zaragoza?
6. ¿Está nuboso en Almería?
7. ¿Nieva en alguna parte de España?
8. ¿Cuál es la ciudad donde hace más calor hoy?

**3** Variedades hispanoamericanas.

| HISPANOAMÉRICA | | ESPAÑA |
|---|---|---|
| catire / a (Col., Cub., Ven.) | = | rubio / a. |
| güero / a (Mex., Ven.) | = | rubio / a. |
| chele / a (H., N., S.) | = | rubio / a. |
| mono / a (Col.) | = | rubio / a. |
| morocho / a (Arg., Col., Chil., Per., Ur.) | = | moreno / a. |
| prieto / a (Mex.) | = | moreno / a. |
| cambujo / a (Mex.) | = | muy moreno / a. |
| grisoso / a (A. Merid.) | = | grisáceo / a. |
| cholo / a (Bol., Col., Ec., Per.) | = | mestizo / a. |

# Un paso más

**1** ¿Por qué crees que los españoles son como son?

## LOS ESPAÑOLES

Los españoles son gente abierta y sincera, a veces tan sinceros que resultan maleducados. A los españoles les gusta charlar con sus amigos; comer y cenar fuera de casa cuando hay algo que celebrar; les gusta echarse la siesta después de comer; les gusta comer bien; adoran su país, sus playas y su cultura, y les encanta ser diferentes.

¿Y por qué son así? Porque, según dicen, el clima determina el carácter de la gente y la forma de vida en cada país, y España es un país marcadamente mediterráneo, un país con muchos meses de sol al año. Y el sol les hace más tranquilos, más cariñosos, más abiertos, más sociables y también, a veces, más perezosos.

En realidad, cada país, cada pueblo, es como es y, además, sobre gustos no hay nada escrito y para gustos están los colores.

**2** Completa:

| LOS ESPAÑOLES | | LAS PERSONAS DE MI PAÍS | |
|---|---|---|---|
| SON | LES GUSTA | SON | LES GUSTA |
| tranquilos | comer bien | | |
| | | | |
| | | | |
| | | | |
| | | | |
| | | | |

## Ahora ya sabes

**FUNCIONES**

Expresar y pedir opinión. ☐

Expresar y preguntar gustos y preferencias. ☐

**GRAMÁTICA**

Verbos GUSTAR y ENCANTAR. ☐

Verbos en -IR con cambio vocálico E >IE. ☐

Verbo PREFERIR. ☐

MUY / MUCHO. ☐

La doble negación. ☐

**VOCABULARIO**

Colores. ☐

Fenómenos atmosféricos. ☐

Variedades hispanoamericanas ☐

# ¡AY, QUÉ DOLOR, QUÉ DOLOR!

## ¿Eres capaz de...?

¿Eres capaz de situar estas frases?

– ¡Qué dolor de estómago! ¡Es horrible!
– ¿Qué te pasa? Tienes mala cara…
– Tiene que dejar de fumar.
– ¡Cómo me duele la cabeza!

## Pretexto

**EN LA CONSULTA DEL MÉDICO.**

△ Estas son las pastillas que debe tomar.

○ ¿Cuántas al día, doctor?

△ Dos por la mañana, después del desayuno y dos por la noche, después de la cena.

○ ¿Durante cuánto tiempo?

△ Durante dos semanas, … y tiene que dejar de fumar.

○ Ya… **ya lo sé**… Stop.

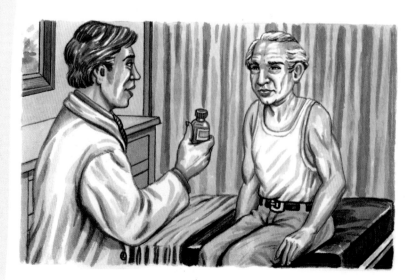

## EN LA CONSULTA DEL MÉDICO.

△ Buenos días, ¿qué le pasa?

○ Pués no sé, doctor, no me *feel* encuentro bien. *(encontrarse)*

△ ¿Qué síntomas tiene?

○ Por la noche no puedo dormir, me duele la cabeza…

△ Bueno, **veamos**…

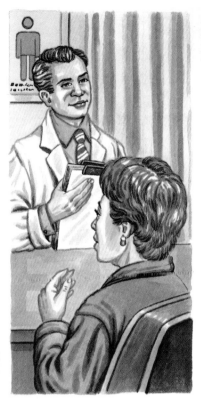 

△ El siguiente. *next* ¡Buenos días! ¿Cómo va todo?

○ Mucho mejor, doctor. El régimen es estupendo, peso siete kilos menos.

△ Bien, siga con el régimen, pero ahora debe empezar a hacer deporte. Puede hacer *footing* dos veces por semana.

○ De acuerdo, doctor. Una cosa *agreed* *thing* más… ¿Puede recetarme *prescribe* algunas vitaminas? La verdad es que últimamente me *lately* *feel* encuentro algo débil. *rather weak*

△ Sí… Debe tomar dos pastillas *you should take* por la mañana y dos por la noche.

△ ¡Ay, qué daño! *What a pain* *How it hurt*

○ ¿Dónde te duele? ¿Aquí?

△ Sí, sí, un poco más a la derecha.

○ ¿Aquí?

△ Sí, ahí, ahí. Me duele mucho…

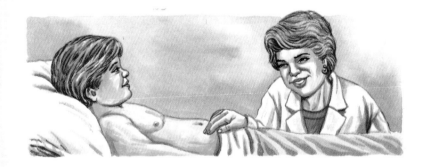

## EN LA CALLE.

*you do not look good*

△ ¡Hola! ¿Qué te pasa? No tienes buena cara.

○ Es verdad, no me encuentro *I don't feel well* bien. Creo que es gripe. *flu*

△ ¿Estás tomando algo?

○ No, nada… Debo ir al médico.

△ ¿Qué tal en el médico?

○ Es gripe. Tengo que tomar unas pastillas.

△ **Bueno**, ¡cuídate!

*look after yourself.*

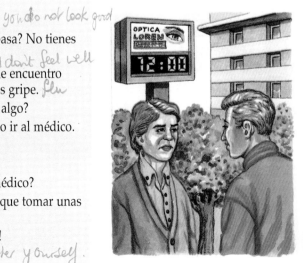 

*Seguir → to follow on continue*

## EN LA CONSULTA DEL MÉDICO.

△ Mire, doctor, sigo teniendo *above* problemas con la espalda, sobre todo por la noche.

○ Bien, **veámos**… *let us see* Tengo que hacerle una radiografía.

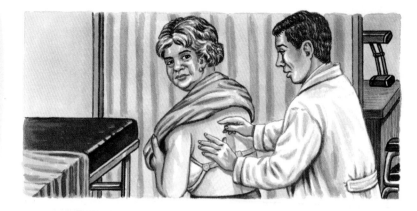

## EN CASA.

△ Voy a la farmacia a comprar aspirinas. ¿Necesitamos algo más?

○ No, creo que no, ¿queda alcohol?

△ Sí, ¿y tiritas? *plasters*

○ *also* También. Están en el cuarto de baño.

△ ¿Estás mejor?

○ Sí, un poco… pero todavía tengo *cough* tos y un poco de fiebre.

△ ¿Qué estás tomando? *taking (tomas)*

○ Unos antibióticos.

## EN LA BIBLIOTECA.

△ ¿Qué estás haciendo, Frida?

○ Estoy terminando los ejercicios de español.

△ *hand in* ¿Tienes que entregarlos hoy?

○ Sí, esta tarde. Tengo clase a las cuatro.

△ Y… ¿tienes tiempo para un *to tell you* café? Tengo que contarte algo.

○ Bueno, **vale**, pero sólo un ratito, ¿eh? *a quick one?*

# *Cara a cara*

**Pregunta - contesta a tu compañero(a). Puedes ayudarte con el pretexto.**

**Usa las expresiones del recuadro.**

**A.** Sí, unas pastillas.

**B.** Pues compra aspirinas, por favor.

**C.** Un poco más abajo.

**D.** Nada, es que me duele la cabeza.

**E.** Sí, mucho mejor, ya no tengo fiebre.

**F.** Está muy claro, tiene que dejar de fumar y trabajar menos.

**G.** Sí, ya lo sé. Es que estoy un poco cansada.

**H.** Tengo tos, ... me duele la garganta y siempre estoy cansada.

**I.** Una antes de cada comida.

1. △ ¿Qué te pasa? No tienes muy buen aspecto…
   ○ *Nada, es que me duele la cabeza* .

2. △ ¿Cuándo debo tomarlas?
   ○ *Unas antes de cada comida*

3. △ ¡Buenas tardes, doctor! Verá, no me encuentro muy bien últimamente…
   ○ ¿Qué síntomas tiene?
   △ *Tengo tos, me duele la garganta y siempre estoy cansada*

4. △ ¡Voy a la farmacia… !
   ○ *Pues compra aspirinas por favor* .

5. △ ¿Estás tomando algo para esa tos?
   ○ *Sí unas pastillas* .

6. △ ¿Dónde le duele?
   ○ *Un poco más abajo*

7. △ No tienes buena cara…
   ○ *Sí ya lo sé. Es que estoy un poco cansada*

8. △ ¿Te encuentras mejor?
   ○ *Sí mucho mejor ya no tengo fiebre*

9. △ ¿Qué debo hacer, doctor?
   ○ *Está muy claro, tiene que dejar de fumar y trabajar menos*

*Bueno…*    *Veamos…*

*¡Vale!*    *Ya, ya lo sé.*

# Gramática

## VERBOS ACABADOS EN -*IR* CON CAMBIO VOCÁLICO E>I: *SEGUIR*

| | | | |
|---|---|---|---|
| (yo) | sigo | (nosotros / as) | seguimos |
| (tú) | sigues | (vosotros / as) | seguís |
| (él / ella, usted) | sigue | (ellos / ellas, ustedes) | siguen |

OTROS: *pedir, repetir, despedir(se).*

## CONSTRUCCIONES:

**SEGUIR + gerundio**

- ¿**Sigues viviendo** con tus padres?
- Pues sí. ¡Ya estoy harta! Pero con el sueldo que tengo… ¡qué voy a hacer!

**SEGUIR SIN + infinitivo**

- ¿**Sigues sin ir** al médico?
- ¡Es que no tengo tiempo…! ¡Ya te lo he dicho!

## ESTAR + gerundio

| | | | |
|---|---|---|---|
| estoy | | | |
| estás | | (navegar) | naveg**ANDO** |
| está | + GERUNDIO | (perder) | perd**IENDO** |
| estamos | | (imprimir) | imprim**IENDO** |
| estáis | | | |
| están | | | |

– ¡La cena está en la mesa! ¿Quieres un poco de vino?
– Sí… ya voy. ¡**Estoy imprimiendo** el último documento!
– ¿Cómo va el partido?
– Por el momento, Brasil **está ganando**…

## EXPRESIÓN DE DOLOR

| | | |
|---|---|---|
| me | | |
| te | | |
| le | **d**u**e**le + SINGULAR | |
| nos | **d**u**e**len + PLURAL | |
| os | | |
| les | | |

– ¡El ordenador me está matando!
– ¿**Te duele** la espalda?
– Pues sí, muchísimo… uf…, y también **me duelen** las muelas

### PARA PREGUNTAR

– ¿Qué te pasa? Tienes mala cara.
– ¿Cómo te encuentras?
– ¿Estás mejor?
– ¿Qué te duele?
– ¿Te duele… ?

### PARA EXPRESAR MALESTAR

– Me encuentro / estoy fatal.
– No me siento muy bien.
– ¡Ay! ¡Cómo me duele!
– ¡Qué dolor! ¡Es horrible!
– ¡Qué daño! Es insoportable.
– Tengo un dolor de …
– ¡No puedo más!

## Expresar obligación y consejo.

**1.** Tener que + INFINITIVO:
Obligación personal.

– ¿Vienes?
– Lo siento, no puedo. **Tengo que terminar** esto para el lunes.

**2.** Deber + INFINITIVO:
Consejo.

– Creo que **debes llamar** a tu padre, mañana es su cumpleaños…
– Ya, ya lo sé…

## Expresar deseos

**1.** Tener ganas de + | INFINITIVO
| NOMBRE

_to feel like_

– **Tengo unas ganas de ir** a la playa…
– Pues vamos el fin de semana que viene, si quieres…
– ¿En serio? _Seriously_

**2.** Apetecer + | INFINITIVO
| NOMBRE

_To fancy like_

– ¿Por qué no vamos al Rastro? **¿Te apetece?**
– La verdad es que no mucho… Siempre hay tanta gente…

**¡OJO!**

Este verbo se conjuga como **GUSTAR**

# Vamos a practicar

 **1** Escucha e identifica los diálogos con las ilustraciones.

**2** Habla con tu compañero(a). ¿Quieres hacerle una entrevista?

*interview*

– ¡Oye!, ¿ves mucho la tele?
– No mucho, sólo cuando estoy aburrida.

*are you afraid*

– ¿Cuándo tienes miedo?
– Cuando vuelvo por la noche sola a casa y tengo que aparcar el coche.

*Finish*

*Use expressions. p81.*

VER LA TELE

GASTAR MÁS DINERO
*to spend more money*

TENER MIEDO

ESTUDIAR MÁS

IR A LA PLAYA

MAREARSE
*to feel sick or giddy*

PERDER EL TIEMPO

PEDIR AYUDA
*to ask for help*

SENTIRSE CANSADO(A)

ENFADARSE
*to get angry*

**3** Completa con la forma correcta de los verbos que están entre paréntesis:

1. – Tengo una tos horrible.
   – ¡Claro! Eso es porque (seguir, tú) ......*sigues*...... fumando. Te he dicho que (tener, tú) ......*tienes*...... que dejar de fumar.

2. – Últimamente estoy muy cansada y duermo bastante más, ¿crees que (deber, yo) ......*debo*...... ir al médico?
   – Por supuesto que (deber, tú) ...*debes*... ir al médico, ¿a qué esperas?

3. – ¿Qué hacemos este fin de semana?
   – La verdad es que no (tener, yo) ......*tengo*...... ganas de salir, me (apetecer) ...*apetece*... quedarme en casa y descansar.

4. – ¿(Seguir, vosotros) ...*seguís*... yendo al gimnasio?
   – Sí, vamos los martes y jueves por la tarde.

5. – ¿Qué tal?
   – (Seguir, yo) ...*sigo*... sin tener ganas de hacer nada. ¡No sé qué me pasa!

6. – ¡Qué mala cara tienes! ¿Qué te pasa?
   – Sí, es que me (doler) ...*duele*... muchísimo el estómago.

**4** Completa con el INFINITIVO o el GERUNDIO de estos verbos:

contar
entregar
esperar
tener
ver
contar
irme
llegar

Ana, te dejo esta nota porque no puedo esperar más, tengo que ...*irme*... a clase, ya que debo ...*entregar*... el ensayo de literatura antes de las tres. Si sigo ...*esperando*... voy a ...*llegar*... tarde. ¿Lo entiendes, ¿verdad?. Tengo muchísimas ganas de ...*ver*...te porque tengo que ...*contarte*... un montón de cosas de mi último viaje. Estoy ...*contando*... los minutos para verte. Ya sabes que sigo sin ...*tener*... teléfono, así que te llamaré yo.
Un beso,
Carlos

# Se dice así

**1** Completa con los nombres de las partes del cuerpo humano. Pregunta a tu profesor.

**2** Elige un problema y practica con tu compañero(a).

– Verá, doctor, no me encuentro muy bien…
– ¿Qué le pasa?
– Me duele muchísimo la cabeza y…
– Por el momento, va a tomar aspirinas y, si no mejora, tiene que ir al oftalmólogo.

**3** Explícale a tu compañero(a) qué pasa en esta historia.

**4** Variedades hispanoamericanas.

### PROBLEMAS
- dolor de cabeza
- dolor de muelas
- estrés     *stress*
- falta de apetito
- gripe
- mareos    *dizzy*
- tensión baja  *low b pressure*
- problemas de estómago
- fiebre

### TIENES QUE
- quedarte en la cama
- descansar
- beber una copa de vino en las comidas
- tomar una aspirina
- ir al dentista
- comer menos grasas
- trabajar menos
- ir al oftalmólogo

| HISPANOAMÉRICA | | ESPAÑA |
|---|---|---|
| **soroche** | = | mal de altura. |
| **apunarse** (Arg., Bol., Chil., Per., Ur.) | = | caer enfermo de soroche. |
| **agriparse** (Chil., Col.) | = | coger la gripe. |
| **gripa** (Col., Méx.) | = | gripe. |
| **resfrío** | = | catarro, resfriado. |

# Un paso más

**1** Lee el texto siguiente:

*[handwritten notes:]*
*mientras - while*
*según - according to*
*fuerte intensive, strong*
*encontrarse - to find oneself, be situated*

*H/W*

## ELLAS FUMAN MÁS CADA DÍA

En los últimos tiempos, la proporción de mujeres fumadoras está aumentando, mientras que la proporción de hombres que fuman parece disminuir. Según los datos de una encuesta realizada por la Generalitat de Cataluña, el porcentaje de mujeres adictas al tabaco ha aumentado en un 5%.

La población masculina de entre cuarenta y cinco y cincuenta y cuatro años es la que presenta mayor porcentaje de fumadores: 65%, y los jóvenes de quince a veinticuatro años se declaran los "menos fumadores", con un 39%. Por el contrario, el grupo de mujeres fumadoras más fuerte, el 44,6%, se encuentra en las mujeres de entre veinticinco y treinta y cuatro años.

*[handwritten notes:]*
*entidad - firm, company, body*
*promedio - average*
*edad - age*

**2** Contesta a las preguntas siguientes:

*H/W*

**1.** – ¿Qué confirma la encuesta?
**2.** – ¿Qué entidad ha realizado la encuesta?
**3.** – ¿Cuál es el promedio de edad de los menos fumadores?
**4.** – ¿Qué edad media tienen las mujeres fumadoras?

## *Ahora ya sabes*

| FUNCIONES | GRAMÁTICA | VOCABULARIO |
|---|---|---|
| Preguntar cómo se encuentra una persona. ☐ | Verbos en IR con cambio vocálico E >IE: seguir. ☐ | Partes del cuerpo. ☐ |
| | Seguir + GERUNDIO. ☐ | Enfermedades. ☐ |
| | Seguir sin + INFINITIVO. ☐ | |
| Expresar malestar. ☐ | Estar + GERUNDIO. ☐ | |
| | Doler. ☐ | En la consulta del médico. ☐ |
| Expresar obligación. ☐ | Tener que / deber + INFINITIVO. ☐ | |
| Expresar deseos. ☐ | Tener ganas de / Apetecer + INFINITIVO / NOMBRE. ☐ | Variedades hispanoamericanas. ☐ |

## ¿Eres capaz de...?

**¿Eres capaz de situar estas frases?**

– Estoy pensando en ir al cine esta tarde. ☐ 2

– ¡Otra vez el contestador automático! ☐ 4

– Dentro de unos días vamos a empezar el curso de español. ☐ 1

– ¿Por qué no vienes con nosotros? ☐ 3

## Pretexto

**DIÁLOGOS TELEFÒNICOS.**

△ **¿Dígame?**

○ ¡Hola! ¿Está Trond?

△ Sí, ahora se pone. ¿De parte de quién?

○ De Juan.

△ Espera un momento, por favor.

○ Gracias.

△ ¡Trond… al teléfono! Es para ti.

## DIÁLOGOS TELEFÓNICOS.

△ (Ring, ring) "Este es el contestador automático de Carlos Sáinz. En estos momentos estoy corriendo el Gran Premio de Mónaco y no puedo ponerme.
Si quieres, puedes dejar un mensaje después de oír la señal. Gracias".

○ **¡Qué gracioso!** Pedro siempre con sus bromas.

(Ring, ring)

△ ¿Diga?

○ ¿Antonio? Soy Luis.

△ ¡Hola, Luis! ¿Qué pasa?

○ **Pues, mira**, estoy pensando en ir a ver la exposición de Goya esta tarde, ¿vienes conmigo?

△ ¿Esta tarde? Sí, ¿por qué no?

○ ¿Quedamos en el metro de Banco de España a las cinco?

△ **Vale**, a las cinco. ¡Hasta luego!

## A LA SALIDA DE CLASE.

△ ¿Qué vais a hacer esta noche?

○ Vamos a salir, pensamos ir de copas por Alonso Martínez.

△ ¿Y quién va?

○ Todo el grupo, Ralph, Jeans, Ingrid, Bruno, Carla… ¡ah! y, también, la profesora de español. ¿Por qué no vienes con nosotros?

△ **Es que** esta noche salgo a cenar con la señora de mi casa.

○ **Bueno**, pues quedamos otro día.

△ Sí, eso, otro día.

**DIÁLOGOS TELEFÓNICOS.**

△ ¿Sí? ¿Dígame?

○ ¿Está Luis, por favor?

△ ¿Luis? No, aquí no vive ningún Luis.

○ ¿No es el 91 650 16 66?

△ No, es el 91 650 16 67. Se ha equivocado.

○ Lo siento.

△ No pasa nada.

△ ¿Sí?

○ ¿Concha?

△ Hola, Luis. ¿Qué tal?

○ Bien, ¿y tú?

△ Mira, estoy pensando en ir al cine esta tarde, ¿te apetece venir?

○ ¿Qué película vas a ver?

△ La última de Sean Connery, pero no recuerdo cómo se llama.

○ ¡**Vale**! ¿A qué hora empieza?

△ A las ocho menos diez.

△ ¿Diga?

○ ¿Está Jesús, por favor?

△ ¿De parte de quién?

○ De Santiago.

△ Pues en este momento no puede ponerse. ¿Quieres dejarle algún mensaje?

○ No, gracias. Llamaré más tarde.

△ Tengo que llamar al señor Martín, ¿tienes su número de teléfono?

○ Sí, mira, es el 608 52 34 45.

△ Ese es el número de un móvil, ¿verdad?

○ Sí, un 608...

△ Bueno, a ver, 6-0-8...5-2-3-4-4-5...

□ (Ring, ring)… "El teléfono móvil solicitado no está operativo en estos momentos".

# Cara a cara

Pregunta - contesta a tu compañero(a). Puedes ayudarte con el pretexto.

Usa las expresiones del recuadro.

A. Por qué no… ✓

B. Es que…

C. ¿Diga? ¿Dígame?

D. De parte de quién ✓

E. Puedo hablar con… ✓

F. Qué vas a hacer ✓

G. Voy a + INFINITIVO ✓

H. Isabel ✓

I. Pilar ✓

1. △ (Ring, ring) ¡Hola! ¿Está ....... *Isabel* ?
   ○ ¿ ..... *De parte de Quién* ....... ?
   △ De parte de ...... *Pilar* ....... .

2. △ ¿ ..... *Por qué no* ..... vienes al cine conmigo?
   ○ Es que tengo que ir al médico con mi abuela.

3. △ ¿Qué haces este fin de semana?
   ○ ..... *Voy a ir a la playa* .....

4. △ ¿ ..... *Puedo hablar con el señor García* .....?
   ○ El señor García no está en este momento.

5. △ ¿ ..... *Qué vas a hacer* ..... este verano?
   ○ Estoy pensando visitar a mis padres.

6. △ (Ring, ring) ¿ ..... *¿Diga? ¿Dígame* ..... ?
   ○ ¡Hola! ¿está María?
   △ Sí, un momento.

7. △ ¿Por qué no salimos esta tarde?
   ○ ..... *Es que no estamos listos* .....

| | |
|---|---|
| *Es que…* | *¿Dígame?* |
| *Bueno…* | *Pues, mira…* |
| *¡Qué gracioso!* | *¡Vale!* |

Read H/45

# Gramática

## VERBO *VENIR* like tener.

| | | | | |
|---|---|---|---|---|
| (yo) | **vengo** | (nosotros / as) | **venimos** |
| (tú) | **vienes** | (vosotros / as) | **venís** |
| (él / ella, usted) | **viene** | (ellos / ellas, ustedes) | **vienen** |

*– ¿Vienes a tomar algo?*
*– ¡Vale!*

## VERBO *SALIR*

| | | | | |
|---|---|---|---|---|
| (yo) | **salgo** | (nosotros / as) | **salimos** |
| (tú) | **sales** | (vosotros / as) | **salís** |
| (él / ella, usted) | **sale** | (ellos / ellas, ustedes) | **salen** |

*– ¿Salimos esta noche?*
*– No, esta noche no puedo.*

## IR A + INFINITIVO

| | |
|---|---|
| (yo) | **voy** |
| (tú) | **vas** |
| (él / ella, usted) | **va** |
| (nosotros / as) | **vamos** |
| (vosotros / as) | **vais** |
| (ellos / ellas, ustedes) | **van** |

– ¿Qué **vas a hacer** esta tarde?
– Pues mira, **voy a "navegar"** por INTERNET.

## FUTURO

| | | | | |
|---|---|---|---|---|
| (yo) | | | -é | ir-é |
| (tú) | | -AR (cant**ar**) | -as | ir-as |
| (él / ella, usted) | **VERBOS EN** | -ER (com**er**) | -á | ir-á |
| (nosotros / as) | | | -emos | ir-emos |
| (vosotros / as) | | -IR (part**ir**) | -éis | ir-éis |
| (ellos / ellas, ustedes) | | | -án | ir-án |

△ ¿Irás al cine esta noche?
○ No, esta noche no puedo.

| | |
|---|---|
| **ANTES DE** **DESPUÉS DE** | **+ INFINITIVO** |

– ¿Qué vas a hacer **después de comer**?
– Creo que voy a estudiar un poco en la biblioteca, ¿y tú?
– Yo voy a tomar algo con la gente de la clase.

# EXPRESIÓN DE PLANES E INTENCIONES

| PLAN DE REALIZACIÓN INMEDIATA | PLAN CUYA REALIZACIÓN ESTÁ DECIDIDA | PLAN QUE ESTOY CONSIDERANDO |
| --- | --- | --- |
| Voy a + INFINITIVO | Pienso + INFINITIVO | Estoy pensando en + INFINITIVO |
| – ¿Qué vas a hacer esta noche? | – ¿Qué vas a hacer con el contrato? | – ¿Qué vas a hacer el próximo verano? |
| – **Voy a ir** a la fiesta de María Helena. | – **Pienso firmarlo**, aunque no estoy totalmente de acuerdo. | – **Estoy pensando** en alquilar un barco y navegar por los canales de Francia. |
|  |  | – ¡Qué idea tan original! |

*although* (annotation near "aunque")

*Definite* (annotation) — *Considering* (annotation)

# PROPONER PLANES A ALGUIEN

| | |
| --- | --- |
| - ¿Por qué no…? | - ¡Claro! |
| - ¿Y si…? | - ¡Estupendo! |
| - ¿Te apetece + INFINITIVO? | - ¡Vale! |
| - ¿Vamos a… ? | - Lo siento, es que + EXCUSA |
| | - Mejor, vamos a… |
| | - No, no puedo. |

# PARA HABLAR POR TELÉFONO

**Para contestar al "Ring, ring"**   *Contestar - to reply / answer* (annotation)
- ¿Sí?
- ¿Dígame?
- ¿Hola?
- ¿Aló? (Hispanoamérica)

**Para preguntar por alguien**

INFORMAL
- ¿Está…, por favor?

FORMAL
- ¿Puedo hablar con…, por favor?
- ¿Me pone con…, por favor?

**Para contestar**
- Sí, un momento.
- ¿De parte de quién?
- ¿Quién es?
- Lo siento, no está.
- Lo siento, ha salido.
- Lo siento, no puede ponerse, está en el baño.

**Otras expresiones**
- Se ha equivocado.   *wrong, mistaken* (annotation)
- Lo siento, aquí no es.   *Sorry that's not here* (annotation)
- Está comunicando.   *Its engaged.* (annotation)
- No contestan.   *No reply* (annotation)

# 9

# *Vamos a practicar*

**1** **Habla con tu compañero(a).**

– ¿Por qué no haces un viaje con tus amigos?
– Es que ahora tengo mucho trabajo.

· Pasar una semana en la playa.
· Llamar por teléfono a tus padres.
· Terminar este libro.
· Matricularte en un gimnasio.
· Escribir a un amigo(a).
· Invitar a tu novio(a) al cine.
· Dejar de fumar.

**2** **¿Qué haces en estos casos?**

– ¿Qué haces antes de salir de vacaciones?
– Pues hago la maleta, compro alguna de las últimas novelas, echo gasolina al coche… y, a veces, voy a la peluquería, ¿y tú?

· Antes de salir de vacaciones.
· Antes de un examen.
· Después de ir al médico.
· Antes de irte a la cama.
· Después de levantarte.
· Después de desayunar.
· Antes de comer.

**3** **Prepara el mensaje de tu contestador automático. Fíjate en el modelo.**

¡Ring, ring…!
    ¡Hola! Este es el contestador automático de Isabel y Kenn. Como ves, ahora no estamos en casa. Si quieres dejar un mensaje, hazlo cuando suene la señal. Te llamaremos. Gracias.

¡Ring, ring…!
Hola! Esta es el contestador automática de Hola soy Sally Pienso ir al cine mañana para ver el película High Noon. Quiere venir con Con mi me teléfono lo antes de posible

**4** Escucha los siguientes mensajes telefónicos. Escribe una nota para recordar el mensaje.

**5** Aquí está el plano del teleférico de Madrid. Tu compañero(a) no tiene ningún plan para esta tarde.

– ¿Por qué no vamos al Parque de Atracciones?
– Pues no sé… es que siempre hay mucha gente. Prefiero ir a…

# Se dice así

**1** **Fíjate en las expresiones que utilizamos en español cuando salimos a divertirnos:**

– Salir / ir de copas. *Go for drinks*
– Salir / ir de marcha. *go out about*
– Salir / ir de juerga. *go + have a good time*
– Ir a tomar algo. *go for drinks ect*
– Quedar con los amigos. *to stay with friends*

> **¡OJO!** *to agree on*
>
> – **Quedar con** alguien:
> hacer una cita o tener una cita.
>
> – **Quedarse en** un lugar:
> permanecer.

– ¿Qué planes tienes para esta noche? ¿Vas a salir?
– Voy a quedar con Luis y la gente de la oficina. Si quieres venir…
– ¿Qué vais a hacer?
– Lo de siempre: ir de copas y… poco más, la verdad.
– Bueno, voy a pensarlo. Creo que voy a quedarme *stay* en casa, pero de todas maneras, te llamo luego, ¿vale?
– Como quieras.

**MINISTERIO DE CULTURA**

INAEM

TEATRO

Próximo Estreno
"Don Gil de las calzas verc...

AUTOR LOPE DE VEGA
**FUENTE OVEJUNA**
DIRECCION A. MARSILLACH

FUENTE OVEJUNA

1.100 pta.

TEATRO
PRINCIPE
28012 MADRID

**2** **Variedades hispanoamericanas.**

| HISPANOAMÉRICA | | ESPAÑA |
|---|---|---|
| ¡aló! (A. Merid.) | = | ¡diga!, dígame! |
| ¡ándale! ¡Ándale! (Centroamer. y México) | = | ¡venga! |
| ¡vóytelas! (Méx.) | = | ¡caramba! |
| bachata (Antillas) | = | juerga, diversión. |
| ¡achará! (C. Rica) | = | ¡lástima! |
| mitote (Méx.) | = | alboroto. |
| nochero (Arg., Chil., Ur.) | = | vigilante. |

# Un paso más

**1** Lee el texto siguiente:

## TARJETAS TELEFÓNICAS

Las tarjetas telefónicas son una novedad desde hace algunos años. Se compran en los estancos y quioscos, y cuestan 1.000 pesetas.

Puedes usarlas en muchos de los teléfonos públicos, y tienen la ventaja de que sabes cuánto dinero gastas cada vez que quieres hacer una llamada desde una cabina de teléfonos.

Tarjetas telefónicas, *telecartes*, *phonecards*, … En todo el mundo es popular este cómodo medio de pago anticipado. Con más de 100 millones de tarjetas vendidas anualmente en una treintena de países, el número de coleccionistas aumenta a pasos de gigante.

**2** Pregunta a tu compañero(a) y completa con la información del texto.

1. ¿Qué son las tarjetas telefónicas?
2. ¿Cuánto cuestan?
3. ¿Dónde se compran?
4. ¿Qué ventajas tienen?
5. ¿Te gusta coleccionarlas? ¿Por qué?
6. ¿Son algo nuevo y actual? ¿Por qué?

## Ahora ya sabes

| FUNCIONES | GRAMÁTICA | VOCABULARIO |
|---|---|---|
| Expresar planes e intenciones. ☐ | Verbos VENIR y SALIR. ☐ | Expresiones para salir. ☐ |
| Expresar acciones futuras. ☐ | Futuro de los verbos en -AR, -ER, -IR. ☐ | Quedar con / Quedarse en. ☐ |
| Hablar por teléfono. ☐ | Ir a + INFINITIVO. ☐ | Tarjetas telefónicas. ☐ |
| Poner mensajes en el contestador automático. ☐ | Después de / Antes de + INFINITIVO ☐ | Variedades hispanoamericanas. ☐ |

# UNIDAD 10

## repaso

**1** Completa con las expresiones del recuadro:

- Mira ✓
- ¿Cuánto tiempo tiene? ✓
- ¿Cuántos hermanos tienes?
- Está comunicando. ✓
- ¿Quiénes son esos? ✓
- ¿Dígame? ✓
- Sí, hace mucho frío. ✓
- Es ✓
- ¿Qué te pasa? ✓
- ¿Está Pilar, por favor? ✓
- A mí, sí. ✓

– ¿Qué tal la película?
– ¡Bah! Es.... muy aburrida.

– .....Mira........... , esta es la foto de mi hermano pequeño.
– ¡Qué gracioso! ¿ ....Cuanto tiempo tiene........... ?
– Tres meses.

– No me gusta nada ese vestido, María.
– Pues ....A mí Sí................ .

– ¡Uf, qué tiempo más malo!
– ....Sí hace mucho frío........... .

– ¿ ....Quiénes son eso........... ?
– No sé, no conozco a ninguno.

– ¿Dígame?
– ....Está Pilar por favor........... .
– No, lo siento, está en la universidad.

– ¿ ....Cuantos hermanos tienes........... ?

– ¡Uy!, nosotros somos muchos de familia.

– ¿ ....Qué te pasa........... ? Tienes mala cara.
– No me encuentro muy bien.

– ¿No contestan?
– ....Está Comunicando........... .

– Ring, ring …
– ....Dígame........... .

# repaso

*P 71
70
60
70
80
90*

**2 Reacciona:**

A mí, también. *also agreeing neither*

A mí, tampoco.

Pues a mí, no. *disagreeing*

Pues a mí, sí.

**1.** Me gusta mucho la comida mexicana, sobre todo, los burritos de carne con guacamole, ¿y a ti?

– ...*A mí también*...

**2.** ¿El fútbol? No me gusta nada, pero nada, nada, ¿y a ti?

– ...*A mí tampoco*...

**3.** ¿La paella? Es la primera vez que la tomo…, pero sí, me gusta, ¿y a ti?

– ...*Pues a mí, no*...

**4.** Me encanta el flamenco, ¿y a ti?

– ...*A mí también*...

**5.** No me gustan nada las corridas de toros. ¿Y a ti?

– ...*A mí tampoco*...

**6.** Me gusta estudiar por la noche, ¿y a ti?

– ...*Pues a mí, sí*...

**7.** La verdad es que no me gusta mucho este ejercicio, ¿y a ti?

– ...*A mí tampoco*...

**3 Completa las siguientes frases con:**

MUY

MUCHO

MUCHA

MUCHOS

MUCHAS

**1.**– Tu coche gasta ...*mucha*... gasolina ¿verdad?
– Unos siete litros cada cien kilómetros.

**2.**– ¡Uf, ya son las cuatro!
– Sí, ¡vamos! Es ...*muy*... tarde.

**3.**– No vamos a poder sacar las entradas. ¡Mira qué cola! *to get tickets / queue*
– Sí, hay ...*mucha*... gente.

**4.**– Eres ...*muy*... negativo, ¿no?
– ¿Yo? ¡Qué va! *No way – Of course not.*

**5.**– ¿Cuánto cuesta la entrada para el concierto?
– 4.000 ptas (24,04 €).
– Es ...*mucho*..., ¿no?
– Pues sí.

**6.**– ¿Hay ...*muchos*... problemas en las pruebas del libro? *Proof.*
– Sí, bastantes.

*...ema o//en masculine*

# repaso

**4** **Lluvia de palabras**

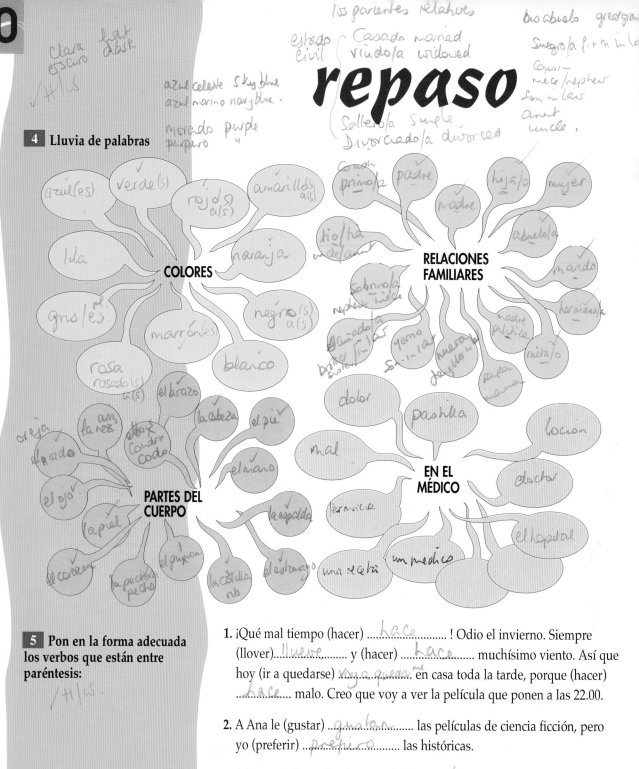

COLORES

RELACIONES FAMILIARES

PARTES DEL CUERPO

EN EL MÉDICO

**5** **Pon en la forma adecuada los verbos que están entre paréntesis:**

1. ¡Qué mal tiempo (hacer) ......hace...... ! Odio el invierno. Siempre (llover)......llueve........ y (hacer) ......hace...... muchísimo viento. Así que hoy (ir a quedarse) ...voy a quedarme.. en casa toda la tarde, porque (hacer) ......hace..... malo. Creo que voy a ver la película que ponen a las 22.00.

2. A Ana le (gustar) ......gustan........ las películas de ciencia ficción, pero yo (preferir) ....prefiero........ las históricas.

3. A los madrileños les (encantar) ......encanta........ salir los sábados por la noche, les (gustar) ......gusta........ mucho ir de copas y también (quedar) ...quedan.... con los amigos.

4. Esta tarde (venir) ....vienen....... los padres de Marcos. Creo que el tren (llegar) ....llega......... a las 18,30. Supongo que (ir, nosotros) ...vamos...... a recogerlos a la estación.

# repaso

**6** Escucha y relaciona las fotografías con la descripción que oigas.

b      c      d      a

**7** Elige una de estas dos series de viñetas y escribe el diálogo correspondiente.

✓ H/W

...................................
...................................
...................................
...................................

Es el viernes y las dos visitar el acueducto El sábado llega y las dos amigas
estudiantes piensan la otra (a) la y el tiempo está ven la tele
al fin de semana. cuidad, la catedral mal. Llueve
Una piensa (a) los edificios grandes todo el día

## ¿Eres capaz de...?

**¿Eres capaz de situar estas frases?**

– Lo siento, se ha equivocado. `2`

– ¿Qué te ha parecido la película? `4`

– ¿Qué tal te ha salido el examen? `1`

– Siento llegar tarde, es que me he perdido. `3`

## Pretexto

**POR TELÉFONO.**

△ ¿Sí? ¿Dígame?

○ ¿Está Cristina, por favor?

△ **Lo siento**, se ha equivocado.

○ ¿No es el 91 345 56 78?

△ Pues no, es el 91 345 56 79.

○ ¡**Vaya**! Lo siento.

△ No pasa nada.

## EN LA BIBLIOTECA.

△ ¡Hola! Quiero devolver este libro.

○ Muy bien, ¿qué te ha parecido?

△ Bueno, me ha resultado un poco aburrido, pero me ha ayudado bastante a preparar el examen.

## EN EL SUPERMERCADO.

△ **Mire**, quiero devolver esta botella de leche, está cortada.

○ ¿Cuándo la ha comprado?

△ Esta mañana.

○ ¿Tiene el ticket?

△ Sí, aquí lo tiene.

## AL SALIR DE UN EXAMEN.

△ ¿Qué tal te ha salido el examen, Cristina?

○ **Así, así**. He tenido problemas con el ejercicio de verbos.

△ Sí, ha sido un poco difícil.

○ ¿Un poco? Yo creo que ha sido dificilísimo. **¡Oye!** ¿Sobre qué has hecho la redacción?

△ He comparado el sistema educativo español con el americano.

## EN LA OFICINA DE TURISMO.

△ ¡Hola! **Verá**, he llegado esta mañana a Madrid y necesito información sobre hoteles, pensiones…, bueno, algún sitio donde alojarme durante unos días.

○ Aquí tienes un folleto con todos los hoteles de Madrid, y otro con albergues juveniles. ¿Tienes carné de estudiante?

△ Sí, sí lo tengo.

○ Entonces, puedes ir a un albergue juvenil.

**EN LA CAFETERÍA DE LA ESCUELA.**

△ ¡Oye! ¿Vamos esta noche a ver
la nueva película de Antonio
Banderas?

○ Pues si no te importa, mejor
vamos mañana. Es que hoy he
quedado con Luis.

△ Bueno, entonces, mañana.

**EN LA OFICINA.**

△ ¿Qué te ha parecido la nueva
secretaria?

○ Bueno, creo que es inteligente y
tiene mucha iniciativa, pero hoy
es su primer día y ha llegado
tarde.

△ Sí, ya lo sé, se ha disculpado y
ha dicho que es la primera vez
y la última.

○ Eso espero.

**EN UNA CAFETERÍA.**

△ ¿Qué tal las vacaciones? ¿Cómo
os lo habéis pasado?

○ Han sido estupendas, hemos
descubierto nuevas playas,
hemos hecho submarinismo...
y he aprendido a hacer esquí
acuático.

△ Pero es difícil, ¿no?

○ Bueno, un poco.

**A LA SALIDA DE CLASE.**

△ ¿Qué tal ha estado la clase?

○ Hoy ha sido muy interesante.
Hemos hablado sobre viajes y
Elga nos ha contado su viaje a
Guatemala.

△ ¿Y tú, les has hablado de tu
viaje a Brasil?

○ Sí, un poco, pero es que el
tiempo ha volado.

# Cara a cara

Pregunta - contesta a tu compañero(a). Puedes ayudarte con el pretexto.

Usa las expresiones del recuadro.

A. No sé, espero que sí. *1,4*

B. Así, así. *2, 1*

C. Estupendas. *8*

D. No, nunca. *4    3*

E. Todos los días. *7*

F. Sí, aquí lo tiene. *6*

G. Creo que es muy bueno. *9*

H. Ha sido un rollo (muy aburrida). *3  2*

I. No, lo siento, se ha equivocado. *5*

J. Pues sí, este verano he ido a Bolivia. *3*

1. △ ¿Qué tal te ha salido el examen?
   ○ ............................*B*........................*H*........ .

2. △ ¿Qué te ha parecido la clase?
   ○ ......................................*H*...... .

3. △ ¿Has estado alguna vez en EE.UU.? *USA*
   ○ *No Nunca* .................*D* *H* .
   △ ¿Y en algún país de Hispanoamérica?
   ○ ...................................*J*.................................. .

4. △ ¿Has aprobado el examen? *Passed*
   ○ ...............................*JA* .

5. △ ¿Es el 91 253 34 26?
   ○ ...............................*I*............... .

6. △ ¿Tiene el ticket de compra, por favor?
   *F* ○ ................................................. .

7. △ ¿Has hecho alguna vez footing?
   ○ .................................*E*............... .

8. △ ¿Qué tal las vacaciones?
   ○ ...........................*C*. .

9. △ ¿Qué te ha parecido el nuevo profesor?
   ○ ...............................*G*............... .

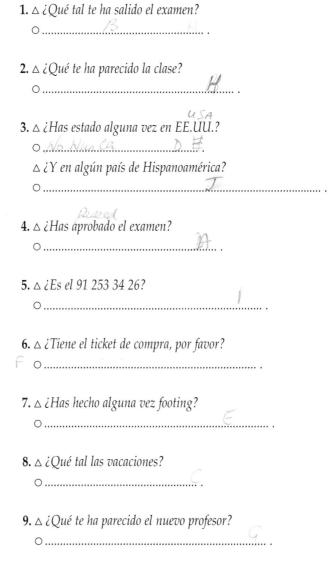

| | |
|---|---|
| **Lo siento.** *Sorry* | **¡Oye!** *Listen* |
| **¡Vaya!** *Gosh* | **Verá...** *You will see* |
| **Así, así.** | **Mire...** *Look* |

*Olga*

*read again*

# Gramática

| Hoy, esta mañana, este verano<br>Este mes<br>Durante este curso<br>Durante este semestre<br>Ya, todavía no , alguna vez, nunca | + PRETÉRITO PERFECTO | – ¡Oye! Déjame el periódico, es que esta mañana no he podido leerlo.<br>– Cógelo. Está en la mesa. |
|---|---|---|

## PRETÉRITO PERFECTO

*haber*

| (yo) | **he** | | | | *p. participle* |
|---|---|---|---|---|---|
| (tú) | **has** | | | | |
| (él / ella, usted) | **ha** | **+** | **RELLENADO** | (rellenar) | |
| (nosotros / as) | **hemos** | | **PERDIDO** | (perder) | |
| (vosotros / as) | **habéis** | | **PEDIDO** | (pedir) | |
| (ellos / ellas, ustedes) | **han** | | | | |

**LO USAMOS CUANDO:**

- Expresamos un tiempo pasado dentro de la unidad de tiempo en que nos encontramos.

    *immediate*
    – ***Este año*** *no he podido ir de vacaciones.* (Hoy es 15 de agosto y está dentro de la unidad de tiempo "este año".)

- Expresamos una acción que se produce en el pasado y cuyos efectos continúan en el momento en que hablamos.

    – *Lo siento, creo que he estropeado el ordenador.* (He estropeado el ordenador esta mañana y **ahora** está estropeado.)
    – *No te preocupes, voy a ver qué puedo hacer.*

- Expresamos valoración en preguntas y respuestas.

    – *¿Qué te ha parecido el libro?*      – *Me ha encantado.*

**¡OJO!** En Hispanoamérica se utiliza poco el pretérito perfecto; se prefiere el pretérito. A veces lo utilizan para dar énfasis al punto culminante de una sucesión de hechos.

| Algunos participios son irregulares. Relaciona: | 1. hacer | A. descubierto 6 |
|---|---|---|
| | J 2. decir | B. puesto 3 |
| | B 3. poner | C. visto 9 |
| | H 4. abrir | D. muerto 7 |
| | G 5. romper | E. vuelto 10 |
| | A 6. descubrir | F. resuelto 8 |
| | D 7. morir | G. roto 5 |
| | F 8. resolver | H. abierto 4 |
| | C 9. ver | I. hecho |
| | E 10. volver | J. dicho 2 |

# GUSTOS Y OPINIONES

*It pleases me.*

| Me ha gustado | bastante.<br>mucho.<br>muchísimo.<br>un montón. |
|---|---|

| No me ha gustado | mucho.<br>demasiado.<br>nada.<br>en absoluto. |
|---|---|

| Me ha parecido | (muy) interesante.<br>(muy) aburrida.<br>(muy) violenta.<br>increíble.<br>un rollo. |
|---|---|

# EXCUSAS Y DISCULPAS

Lo siento, es que + | PRESENTE<br>PRETÉRITO<br>PERFECTO

PERDER algo / PERDERSE alguien

# IGNORANCIA

Pues no lo sé.

| SABER | |
|---|---|
| sé | sabemos |
| sabes | sabéis |
| sabe | saben |

## PRONOMBRES OBJETO DIRECTO

Los utilizamos para no repetir la persona, animal o cosa de la que ya hemos hablado.

| SINGULAR | PLURAL |
|---|---|
| **me** | **nos** |
| **te** | **os** |
| **lo, la** | **los, las** |

– ¿Has comprado **el periódico**?
– Sí, pero todavía no **lo** he leído.

*take out    rubbish*

– ¿Has sacado **la basura**?
– Sí, **la** he sacado esta mañana, antes de irme a la oficina.

– ¡Oye! ¿Has visto a **Pedro Almodóvar** en la tele?
– No, no **lo** he visto, ¿en qué programa ha salido?

# *Vamos a practicar*

**1** Escucha y marca con una cruz lo que ha hecho Concha.

– Se ha levantado a las ocho y media.
– Ha desayunado café con leche.
– Ha trabajado durante la mañana.
– Ha comido en un restaurante.
– Ha ido con María al cine.
– Ha visto una película española.
– Ha vuelto a casa a las diez.
– Ha recibido dos mensajes en el fax.

**2** Estamos en una agencia de viajes. Escucha el diálogo y señala VERDADERO o FALSO.

|  | V | F |
|---|---|---|
| – Quiere ir a México. | X | |
| – El precio del viaje es de 80.000 ptas. | | X |
| – El hotel es de tres estrellas. | X | |
| – Ha estado varias veces en Hispanoamérica. | X | X |

**3** Durante las vacaciones de verano, tu compañero(a) ha visto varias películas y ha leído algunos libros. Pregúntale su opinión.

– ¿Qué te ha parecido el libro?
– Me ha gustado muchísimo, ¿lo has leído tú?
– No, pero tengo muchas ganas.

**4** Has llegado tarde a clase. Discúlpate y dale una excusa a tu profesor(a).

– Mark, la clase empieza a las nueve en punto.
– Lo siento, es que he perdido el autobús.

**5** Hoy tenéis una fiesta hispana en el aula. Uno(a) de los compañeros(as) ha preparado una deliciosa sopa fría, muy típica de Andalucía: el gazpacho andaluz. Pregúntale cómo lo ha preparado.

- Pelar y partir en trozos un kilo de tomates, media cebolla, un pimiento y un pepino pequeño.
- Batir todo con la batidora.
- Añadir 1/4 de kilo de pan mojado en agua.
- Batir con la batidora.
- Añadir dos cucharadas de vinagre, un vaso de aceite y un poco de agua (si es necesario).
- Meter en la nevera.

**6** Pregúntale a tu compañero(a) si ha estado alguna vez en alguna de estas ciudades:

– ¿Has estado alguna vez en Nueva York?
– Pues sí, una vez, hace cinco años.
– ¿Y en Madrid?

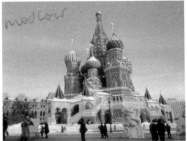

**7** Ofrécele ayuda a tu compañero(a), que tiene demasiadas cosas que hacer:

– Tengo que bajar la basura.
– No te preocupes. ¡Ya la bajo yo!

Estas son las cosas que tiene que hacer tu compañero(a):

Poner la mesa.
Preparar la cena.
Llevar a los niños al colegio.
Pedir hora en el dentista.

Comprar leche.
Limpiar los cristales del salón.
Cobrar un cheque en el banco.
Preparar el gazpacho.

# *Se dice así*

**1** Has recibido una carta:

> ¡Hola, Cris!
> Hace sólo dos días que he llegado a Madrid y ya tengo mil cosas para contarte. Cómo sabes, vivo con una familia española. Esta mañana he tenido mi primera clase de español. Mi profesora se llama Concha y es muy simpática. Por la tarde hemos ido al Museo del Prado con el profesor de arte (un español muy guapo) y hemos visitado las salas de Goya y Velázquez. Después, hemos estado en la Plaza Mayor tomando algunas tapas. He pasado todo el día hablando en español, ha sido estupendo, aunque todavía tengo algunos problemas para entender a la gente. Un abrazo, cuídate.
>
> Lory.

REMITENTE

Begoña Ramírez
C/ El Príncipe, 2
28010 Madrid - España

SOBRE

SELLO

Cris Michael
36 Grosvenor - Clontarf
Dublín - Irlanda

DESTINATARIO

**2** Esta mañana Cristina ha ido al estanco. Señala lo que ha comprado:

· Sobres (un paquete de). ☐
· Sellos. ☐
· Cigarrillos (un paquete de / un cartón de). ☐
· Puros (una caja de). ☐

· Papel de cartas. ☐
· Un bonobús. ☐
· Un mechero. ☐
· Cerillas (una caja de). ☐

**3** Variedades hispanoamericanas.

| HISPANOAMÉRICA | | ESPAÑA |
|---|---|---|
| **boleta** (Chile) | = | comprobante de venta. |
| **estampilla** | = | sello. |
| **fósforo** | = | cerilla. |
| **cerillo** (Centroamérica, Méx.) | = | fósforo, cerilla. |
| **bocas** (Guat., Salv.) | = | tapas. |
| **botanas** (Ven., Méx.) | = | tapas. |
| **bibliorato** (Arg., Ur.) | = | archivador (mueble). |

# Un paso más

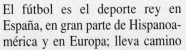

Read before September

**1** Lee el texto siguiente:

El fútbol es el deporte rey en España, en gran parte de Hispanoamérica y en Europa; lleva camino de serlo también en África. Los ingleses, que han sido sus inventores –como de tantos otros deportes–, pueden sentirse orgullosos. Lo que comenzó como un rudo juego se ha convertido en un espectáculo de masas que, además, mueve mucho dinero. Las organizaciones que han sido creadas para tal fin: FIFA (Federación Internacional de Fútbol Asociación), UEFA (Unión Europea de Fútbol Asociación) y las diferentes asociaciones nacionales, reglamentan las ligas, copas y los campeonatos del mundo o campeonatos continentales.

Las frustraciones y tensiones de la vida diaria se manifiestan a través de los "hinchas", que llenan los estadios de fútbol en los fines de semana.

Supporters.

**2** Comenta en clase:
– ¿Cuáles son tus deportes favoritos?
– ¿Cuáles son los deportes nacionales de tu país?
– ¿Qué deportes se practican en la escuela?
– ¿Qué es un "hincha"?

aficionado

## Ahora ya sabes

| FUNCIONES | GRAMÁTICA | VOCABULARIO |
|---|---|---|
| Hablar del pasado. ☐ | PRETÉRITO PERFECTO ☐ | En el estanco. ☐ |
| Dar excusas y disculparte. ☐ | PARTICIPIOS IRREGULARES. ☐ | |
| Ofrecer ayuda inmediata. ☐ | | Variedades hispanoamericanas. ☐ |
| Expresar gustos y opiniones sobre algo que has visto o leído. ☐ | PRONOMBRES OBJETO DIRECTO. ☐ | |
| Expresar ignorancia. ☐ | Verbo SABER. ☐ | El fútbol. ☐ |

## *¿Eres capaz de...?*

**¿Eres capaz de situar estas frases?**

– ¿Y esa foto? ☐ 1

– ¿Qué tal las vacaciones? ☐ 3

– Al final fuimos a esquiar a Baqueira - Beret. ☐ 4

– ¿Y cómo conociste a Juan? ☐ 2

## *Pretexto*

**DESPUÉS DE LAS VACACIONES.**

△ ¡Estás muy morena!

○ Gracias.

△ ¿Qué tal las vacaciones?

○ **Genial**, lo pasamos de maravilla. Estuvimos en Grecia.

△ **¿En serio?** Yo también estuve en Grecia.

○ ¿Sí? ¿Dónde?

△ Una semana en Creta y cuatro días en Atenas.

○ Pues nosotros alquilamos un barco de vela y recorrimos algunas de las islas griegas. Fue estupendo.

## MIRANDO FOTOGRAFÍAS.

△ ¿Y esa foto?

○ Es de nuestra luna de miel.

△ ¿Dónde estuvisteis?

○ Primero fuimos a México y luego a Nueva York.

△ ¿Y qué es lo que más os gustó?

○ A mí… no sé, todo fue estupendo. Pero a José le gustó más Nueva York.

△ ¿Y esa otra?

○ Esa es del cumpleaños de José… Estuvimos en Lanzarote, en las islas Canarias.

△ ¿Y qué tal las islas?

○ **Bueno**, sólo estuvimos en Lanzarote y a mí me pareció demasiado seca, ya sabes, como es una isla volcánica…

## EL LUNES, EN LA OFICINA.

△ ¿Fuiste, por fin, a esquiar?

○ Sí, fuimos a Baqueira - Beret.

△ ¿Dónde está?

○ En los Pirineos, cerca de Francia.

△ ¿Y qué tal tiempo hizo?

○ El viernes, cuando llegamos, estaba lloviendo; pero el sábado salió el sol y estuvo así todo el fin de semana.

△ **¡Qué suerte!**

## EN LA AUTOESCUELA.

△ ¿Aprobaste?

○ No, y ya es la tercera vez que me presento.

△ ¿Y qué pasó esta vez?

○ Me he pasado un semáforo en rojo.

△ ¡Qué bruta!

○ Sí, claro… pero estaba **como un flan**.

## HABLANDO CON UNA AMIGA.

△ ¿Y cómo conociste a Juan?

○ En una fiesta. Me lo presentaron unos amigos.

△ Y fue un flechazo, ¿no?  *love at first sight*

○ ¡Qué va! Al principio me pareció un pesado, pero después empecé a hablar con él, y poco a poco…  *bore*

△ **Ya, ya**…

## EN EL MÉDICO.

△ ¿Y cuándo empezó a fumar?

○ Pues hace mucho… a los dieciocho años.

△ Le conviene dejarlo, el estado de sus pulmones no es bueno. *you should be worried*

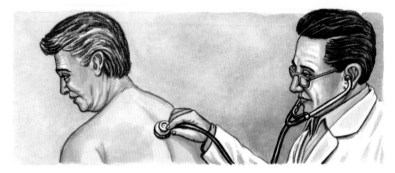

## EN UN RESTAURANTE CHINO.

△ Has tenido una excelente idea, ¿sabes cuándo fue la última vez que cené en un chino?

○ ¿Hace mucho?

△ Por lo menos, tres meses. Creo que la última vez fue el día de mi cumpleaños.

○ A mí me gusta mucho la comida china… no sé, es muy variada.

○ Y, además, aquí en España, los restaurantes chinos son muy baratos.

## EN LA CAFETERÍA.

△ ¡Feliz cumpleaños!

○ Gracias, no lo has olvidado.

△ ¡Claro que no! ¿Qué vas a hacer para celebrarlo?

○ Pues no sé, pero espero hacer algo más que el año pasado.

△ **¿Y eso?** ¿Qué hiciste el año pasado?

○ Pues nada, tuve un examen y al día siguiente, otro.

△ Entonces, piensa qué no hiciste el año pasado y lo hacemos este año.

# Cara a cara

**Pregunta - contesta a tu compañero(a). Puedes ayudarte con el pretexto.**

**Usa las expresiones del recuadro.**

A. Unas dos horas y media.

B. Casi un año.

C. Luis.

D. Sí, tuve una suerte increíble.

E. Muy bien. Lo pasamos fenomenal.

F. Fui a la fiesta de cumpleaños de María.

G. Sí, un par de semanas.

H. Trescientas mil pesetas.

I. Sí, sí, en serio.

J. Hace dos años.

K. Es de cuando Luis estuvo en la India.

L. No sé… espero que sí.

M. A Nicaragua.

1. △ ¿Saliste de vacaciones el año pasado?

  ○ ..................................................................... .

  △ ¿Y a dónde fuiste?

  ○ ................................................... .

2. △ ¿Aprobaste?

  ○ .......................................................... .

3. △ ¿Cuánto duró el examen?

  ○ .......................................................... .

4. △ ¿Y esa foto que tienes en la mesilla?

  ○ ................................................................................ .

5. △ ¿Cuándo fue?

  ○ ................................................ .

  △ ¿Estuvo mucho tiempo?

  ○ ............................................... .

6. △ ¿Qué hiciste el sábado por la noche?

  ○ .................................................................. .

  △ ¿Qué tal estuvo?

  ○ ......................................................... .

7. △ ¿Quién acompañó a Gema a su casa?

  ○ ............................................. .

  △ ¿En serio?

  ○ ................................................... .

8. △ Me han dicho que te tocó la lotería la semana pasada…

  ○ .......................................................... .

  △ ¿Mucho?

  ○ .......................................................... .

| Ya, ya… | Bueno |
|---|---|
| Como un flan. | ¿Y eso…? |
| ¡Qué suerte! | Genial |
| ¡Qué va! | ¿En serio? |

# Gramática

| | |
|---|---|
| Ayer, anteayer, el otro día, el año pasado | |
| El verano pasado, el martes (pasado) | |
| En 1076, durante X tiempo (en el pasado) | **+ PRETÉRITO** |
| En el siglo pasado, hace X tiempo | |
| A veces, el día de mi cumpleaños | |
| En los años sesenta, el día de mi boda *marriage* | |

## PRETÉRITO

*action over & finished*

| | RECORDAR | PERDER | SUBIR |
|---|---|---|---|
| (yo) | record**é** | perd**í** | sub**í** |
| (tú) | record**aste** | perd**iste** | sub**iste** |
| (él / ella, usted) | record**ó** | perd**ió** | sub**ió** |
| (nosotros / as) | record**amos** | perd**imos** | sub**imos** |
| (vosotros / as) | record**asteis** | perd**isteis** | sub**isteis** |
| (ellos / ellas, ustedes) | record**aron** | perd**ieron** | sub**ieron** |

### LO USAMOS CUANDO:

• Expresamos una acción pasada y terminada que tiene lugar en una unidad de tiempo terminada.
- *El otro día nos lo pasamos de maravilla.*

• Expresamos una acción que tiene cierta duración (durante un tiempo), durante la cual no ocurre nada que interrumpa esa acción.
- *¿Has estado alguna vez en Estados Unidos?*
- *Sí, viví en California (durante) un año y medio.*

• Expresamos una ruptura total entre el pasado y el presente.
- *Me duele muchísimo la cabeza.*
- *Sí, yo también me levanté ayer con un dolor horrible.*

- *¡Claro que me enfadé! Estuve esperándote (durante) una hora y cuarto.*

• Expresamos valoración.
- *¿Qué tal te salió el examen?*
- *Bastante bien.*

| |
|---|
| En español, además del pretérito, hay otro tiempo verbal para hablar del pasado: el imperfecto. Aprenderemos a usarlo pronto. |

| *IR/ SER* | *ESTAR* | *VER* | *VENIR* | *HACER* |
|---|---|---|---|---|
| fui | estuve | vi | vine | hice |
| fuiste | estuviste | viste | viniste | hiciste |
| fue | estuvo | vio | vino | hizo |
| fuimos | estuvimos | vimos | vinimos | hicimos |
| fuisteis | etuvisteis | visteis | vinisteis | hicisteis |
| fueron | estuvieron | vieron | vinieron | hicieron |

## EXPRESIONES PARA ORDENAR EL RELATO

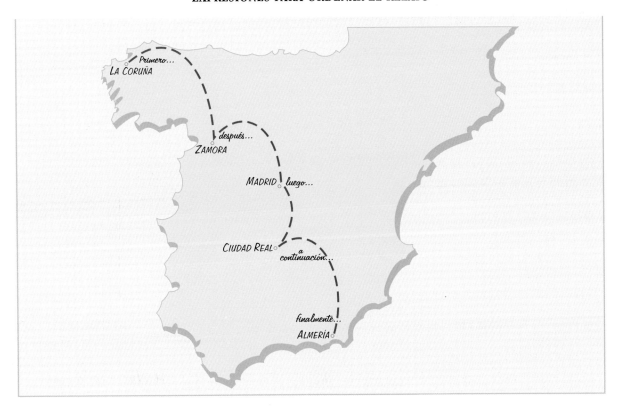

## HABLAMOS DE UN MOMENTO APROXIMADO

| sobre a eso de alrededor de | + HORA | la una las tres | a principios de a mediados de a finales de | + AÑO, MES, ESTACIÓN | 1984 marzo verano |
|---|---|---|---|---|---|

**A las tantas (muy tarde, de madrugada)**

– ¿A qué hora terminará la película?
– A eso de las ocho y media.

– ¿Estuviste en Barcelona?
– Sí, fui a mediados de la primavera, y volví a finales de octubre.

– ¿A qué hora llegaste anoche?
– A las tantas.

## RECORDAMOS LA ÚLTIMA VEZ

| ¿Te acuerdas de la última vez que… | + PRETÉRITO |
|---|---|

– ¿Te acuerdas de la última vez que fui a esquiar?
– Fue hace tres años, ¿no?

– ¿Cuándo fue la última vez que viste a los primos de Valencia?
– Hace, por lo menos, tres años.

# Vamos a practicar

**1** Escucha la conversación entre Ana y Gema y contesta con VERDADERO o FALSO.

|  | V | F |
|---|---|---|
| • Ana estuvo en Andalucía. |  |  |
| • Fue a Sevilla en avión. |  |  |
| • En Sevilla estuvo un par de días. |  |  |
| • Le gustó mucho la Catedral de Sevilla. |  |  |
| • De Sevilla fue a Granada. |  |  |
| • Málaga es una ciudad muy pintoresca. |  |  |

Coker.

**2** Pregunta / contesta a tu compañero(a).

– ¿Qué hiciste el año pasado, en enero?
– Estuve esquiando en los Alpes, ¿y tú?

Htw 22/9/03

| | ALUMNO A | ALUMNO B (esquiar en los Alpes) |
|---|---|---|
| **Enero** | Hube una nueva Rayburn cocina | Esquié en los Alpes |
| **Febrero** | Fui en vacacciones en Fuerteventura | Hube la gripe |
| **Marzo** | Canté en coro en Iglesia de Wrington | Perdi mi perro y lo encontré |
| **Abril** | Fui al teatro para ver Miss Saigon | Pasé una semana con mis padres |
| **Mayo** | Básil mi marido jugó al tenis en bournement | Me trasladé a otra casa |
| **Junio** | Hice un cobro por el R.N.L.I | Navegué de Falmo a Francia |
| **Julio** | Mi cuñada pasó tres días a mi casa | Fuimos de vacacciones a Malaga |
| **Agosto** | Pinté mi dormitorio | Hice mucho en el jardín |
| **Septiembre** | Comencé un curso para aprender a emplear un ordenador | Vi un partido de fútbol |
| **Octubre** | Fui a un reencuentro de amigos de colegio después de 40 años | Encontré un amigo y visitemos el museo |
| **Noviembre** | Participamos en un concurso (quiz) | El circo vinimos fuegos artficiales en el jardin |
| **Diciembre** | Comimos la comida especial de Navidad | Fui de compras por regalos de Navidad |

**3** Completa estos diálogos usando el pretérito:

*H/W*

– ¿Y cómo (ir, tú) .....*fuiste*..... ?
– En avión.

– ¿Cuánto tiempo (estar, tú) *estuviste*............. en París el año pasado?
– Muy poco, sólo dos días.

– ¿Tienes carné de conducir?
– Sí, finalmente me lo (sacar) .....*saqué*........... el año pasado.

– ¿Qué coche (comprar) ...*compraron*.... tus padres?
– Uno de segunda mano, pero está como nuevo.

– No sé qué le (decir, tú) *dijiste* ...................... , pero (enfadarse, ella) ...*se enfadó*............ muchísimo.
– Pues nada, que ha engordado.

*H/W*

**4** Completa estos diálogos utilizando el PRETÉRITO PERFECTO o el PRETÉRITO:

– ¿(Estar, tú) ...................... alguna vez en Chile?
– Sí, (estar, yo) .................... en junio, y me (gustar) ............... muchísimo.

– ¿Fuiste a la famosa Isla Negra?
– Sí, (visitar, yo) ...................... la casa de Pablo Neruda.

– ¿Qué tal el viaje?
– Bueno, un poco pesado, pero ayer (conducir) ................. yo y hoy (conducir) ................. Juan.

– ¿Sabes si Isabel y Manuel (volver) ................. ya de su luna de miel?
– Sí, (volver, ellos) ................. la semana pasada.

**5** Tú y tu compañero(a).

ALUMNO A: Esta información te será útil.

*✓ H/W 22/9/03.*
*Written Dialogue*

## ANDALUCÍA **5** días

### VIAJE EN AUTOBÚS CON AIRE ACONDICIONADO

**DÍA 1:** Madrid. Salida a las 9.00 h. con dirección a Córdoba. Comida y visita a la ciudad (Mezquita y Barrio Judío). A las 18.00 h. salida para Sevilla. Cena y alojamiento en el Hotel Giralda.

**DÍA 2:** Estancia en Sevilla. Por la mañana, visita guiada de la ciudad (Catedral, Barrio de Santa Cruz, Parque de María Luisa). Tarde libre.

**DÍA 3:** Desayuno en Sevilla. A las 12.00 h. salida para Torremolinos y Benalmádena (Málaga). Cena y alojamiento en el Hotel Real.

**DÍA 4:** Día libre para disfrutar de las famosas playas de la Costa del Sol. Por la tarde, salida hacia Granada. Visita de la ciudad (Alhambra y Jardines del Generalife). Cena y alojamiento.

**DÍA 5:** Granada. Desayuno y tiempo libre. Salida para Madrid a las 14.00 h. Llegada aproximada a las 21.00 h.

**ALUMNO B: Pregunta a tu compañero(a):**

• Duración del viaje.
• Hora de salida.
• Ciudades visitadas.
• Medio de transporte.
• Ciudad que más le gustó.
• Monumentos visitados en Sevilla.

*Que or Cuales*
*Which*

# Se dice así

**1** **Algunos medios de transporte.**

**EN**

| | | |
|---|---|---|
| avión | tren | barco |
| taxi | coche | moto |
| bicicleta | autobús | metro |

**A**  *horse*

| | |
|---|---|
| pie | caballo |

**Discute con tu compañero(a) el medio de transporte que preferís.**

– *Yo, a la oficina, prefiero ir en metro... hay tanto tráfico que no vale la pena coger el coche.*

– *Pues yo prefiero el autobús, el metro me da claustrofobia.*

| | | |
|---|---|---|
| A la oficina | | seguro(a), rápido(a), barato(a) |
| A la facultad | prefiero | fácil de aparcar |
| De vacaciones | vale la pena | ruidoso(a), cómodo(a) *comfortabl* |
| De excursión | es más | da claustrofobia |
| De compras | es menos | contamina *(pollution)*. |

**2** **Completa el diálogo.**

– Quería un billete para Toledo.

– ¿Para cuándo?

– Para mañana por la mañana, ¿a qué hora sale?

– Hay varios: el primero sale a las ...................... , por la tarde hay otro a las ............ y, por la noche, uno que sale a las ...................... .

– ¿A qué hora llega el de la tarde?

– A las ...................... .

– Muy bien. Pues deme un billete de ida, por favor.

**3** **Variedades hispanoamericanas.**

| HISPANOAMÉRICA | | ESPAÑA |
|---|---|---|
| **manejar** | = | conducir. |
| **fletar** | = | alquilar un vehículo. |
| **parquear, estacionar** (R. Dom.) | = | aparcar. |
| **aeromoza** (Bol., Chil., Méx., Per., Ven.) | = | azafata. |
| **carabinera** (Col.) | = | azafata |
| **ruletero** (Centroam., Méx.) | = | taxista. |
| **bomba** (Col.) | = | gasolinera. |
| **grifo** (Per.) | = | gasolinera. |

# Un paso más

**1** Escucha la siguiente letra que pertenece a una canción de Gloria Estefan y completa el texto:

La cantante de origen cubano Gloria Estefan es mundialmente conocida.

Recientemente ha recibido en EEUU un premio Grammy, en la sección de música tropical, por su disco *Abriendo puertas*.

## AYER

Ayer ............ la flor que tú me ............,
imagen del amor que me ............ .
Aún guarda fiel el aroma, aquel tierno clavel.
Ayer ............ la flor que tú me ............ .

Aún guardo aquella carta que me ............ ,
de un rojo pasional tenía una marca.
Tu firma junto al clavel me ............ triste.
Aún guardo aquella carta que me ............ .

Regresa, por favor, pues la vida es muy corta,
salgamos de la duda y del rencor.
Muy bien dice el cantor: lo pasado no importa,
de todo, nuestro orgullo es lo peor.
Renovemos la pasión, pues la vida es muy corta.
Llenemos de calor el corazón.

## Ahora ya sabes

| FUNCIONES | | GRAMÁTICA | | VOCABULARIO | |
|---|---|---|---|---|---|
| Hablar de acontecimientos pasados. | ☐ | Marcadores temporales. | ☐ | Transportes. | ☐ |
| | | PRETÉRITO. | ☐ | | |
| Hablar de la última vez. | ☐ | Algunos pretéritos irregulares. | ☐ | Viajes. | ☐ |
| Expresar tiempo aproximado. | ☐ | Acordarse de + PRETÉRITO. | ☐ | Variedades hispanoamericanas. | ☐ |

# UNIDAD **13**

## ...PORQUE ÉRAMOS JÓVENES

## *¿Eres capaz de...?*

**¿Eres capaz de situar estas frases?**

– ¿Dónde vivía de pequeña? ☐ 2

– ¿Cómo es que no fuiste al fútbol? Te estuvimos esperando. ☐ 4

– Era una casa grande y tenía mucha luz. ☐ 1

– Estudié en la Universidad Politécnica de Madrid. ☐ 3

## *Pretexto*

**EN UN PROGRAMA DE RADIO.**

△ ¿Dónde vivía de pequeña?

○ En un pequeño pueblo de Galicia.

△ Pero usted no es española, ¿verdad?

○ No, nací en Cuba, pero mis padres vinieron a España cuando yo tenía tres años.

**EN LA OFICINA ERASMUS.**

△ ¿Cómo ha cambiado tu vida desde que vives en España?

○ **Pues mira...** antes no fumaba y ahora fumo casi un paquete diario.

△ ¿Y eso?

○ Es que en mi país la gente casi no fuma, pero aquí...

**EN LA PARADA DEL AUTOBÚS.**

△ ¿Fuiste, por fin, al médico?

○ Iba a ir, pero tuve que quedarme en la oficina hasta las ocho y se me hizo muy tarde. Intentaré ir hoy.

△ No lo dejes.

○ No, no.

**EN LA OFICINA DEL PARO.**

△ ¿Cuánto tiempo viviste en Japón?

○ Casi dos años.

△ ¿Qué hacías allí?

○ Enseñaba español, trabajaba como lectora en la universidad.

△ ¿Y vivías sola?

○ **No, qué va.** Vivía en una residencia para profesores extranjeros.

**BUSCANDO PISO.**

△ ¿Te gustó la casa?

○ Sí, es muy grande y tiene mucha luz. Pero lo mejor es que tiene un pequeño jardín y una piscina comunitaria.

△ ¿Vas a alquilarla?

○ No sé... tengo que pensarlo. El alquiler es un poco alto. Mañana voy a ver otra.

△ ¡Suerte!

## EN LA ESCUELA DE ESPAÑOL.

△ ¿Cómo es que no fuiste a la fiesta? Lo pasamos de maravilla…

○ Lo sentí muchísimo… pero no me encontraba bien.

△ ¿Y eso?

○ No sé… me dolía la cabeza y estaba cansadísima. v tired.

△ Bueno, es que has trabajado mucho esta semana, ¿no?

○ Pues sí, bastante.

## EN UNA ENTREVISTA DE TRABAJO.

△ Pase y siéntese.

○ Gracias. Creo que llego con un poco de retraso. Lo siento, es que el tráfico **estaba de pena**.

△ No se preocupe, es algo que le puede pasar a cualquiera. Dígame, ¿dónde realizó sus estudios universitarios?

○ **Verá**, estudié la carrera de arquitectura en la Universidad Politécnica de Madrid y me especialicé en materiales de construcción. Al terminar la carrera, hice un máster en los Estados Unidos.

△ ¿Por qué eligió los estudios de arquitectura?

○ Bueno, **debo decir** que hay una larga tradición en mi familia: mi padre y mi abuelo son arquitectos.

△ ¿Tiene usted disponibilidad para viajar?

○ Sí, absolutamente.

△ Muy bien, por hoy ya hemos terminado. Nos veremos mañana.

○ Gracias, hasta mañana.

△ ¡Hasta mañana!

### ¡OJO!

– **Estaba de pena**: había mucho tráfico.

– **Verá**: introduce una explicación.

– **Debo decir**: es necesario decir.

# Cara a cara

Pregunta - contesta a tu compañero(a). Puedes ayudarte con el pretexto.

Usa las expresiones del recuadro.

A. Solía salir de excursión. 2 _to be in the habit of_

B. Los Beatles. 3

C. era. 4

D. Muy acogedora, y tenía una chimenea en el salón. 4

E. La verdad es que no. Me decepcionó bastante. 6

F. Era alto y delgado. Y tenía bigote. _thin moustache_

G. Sí, tenías razón. La comida es excelente. 7

H. Es que no me encontraba bien. 1 or 5

I. fines de semana 2.

J. Es que estaba muerta de sueño. _dead tired_ 1 or 5

1. △ ¿Cómo es que no fuiste?
   ○ .......B.......H.......or J.............................................. .

2. △ ¿Qué hacías los ......_fines de sema..._ cuando vivías en Japón?
   ○ .......A.................................................. .

3. △ ¿Quién era el grupo más famoso de los sesenta?
   ○ ............_Los Beatles_........... .

4. △ ¿Cómo .......C....... la casa?
   ○ .......D.................................................... .

5. △ ¿Cómo es que no fuiste al fútbol? Te estuvimos esperando.
   ○ ...............H.......or J............................ .

6. △ ¿Te gustó la película?
   ○ .......E.................................................... .

7. △ ¿Fuiste al restaurante que te recomendé?
   ○ .......G.................................................... .

8. △ ¿Qué aspecto tenía?
   ○ .......F.................................................... .

| Pues mira... | Estaba de pena. |
| No, qué va. | Verá... |
| ¡Suerte! | Debo decir... |

# Gramática

## PRETÉRITO IMPERFECTO

|  | PENSAR | CREER | DORMIR |
|---|---|---|---|
| (yo) | pensaba | creía | dormía |
| (tú) | pensabas | creías | dormías |
| (él / ella, usted) | pensaba | creía | dormía |
| (nosotros / as) | pensábamos | creíamos | dormíamos |
| (vosotros / as) | pensabais | creíais | dormíais |
| (ellos / ellas, ustedes) | pensaban | creían | dormían |

De pequeño(a)
Antes
Normalmente
A menudo
A veces
Por lo general
La mayoría de las veces
Todos los días
Todos los fines de semana
En verano
En Navidad
Cada X tiempo
Casi siempre

+ PRETÉRITO IMPERFECTO

– ¿En Navidad?
– Normalmente voy a esquiar.
– ¿Y cuando vivías con tus padres? ¿Qué hacías en Navidad?
– Pues en Nochebuena íbamos a cenar a casa de los abuelos y el día de Navidad comíamos en nuestra casa. Y a veces, por la tarde, mis hermanos y yo íbamos a ver un partido de baloncesto.

– ¿Sigues haciendo ejercicio todos los días?
– Antes iba al gimnasio todos los días, pero ahora, con este nuevo trabajo… me resulta imposible.

### TAMBIÉN PODEMOS UTILIZAR LA SIGUIENTE ESTRUCTURA:

| SOLER + INFINITIVO | – ¿Dónde pasabas los veranos?<br>– *Solíamos ir* a la casa que los abuelos tienen en la playa. |
|---|---|

## PRETÉRITO IMPERFECTO DE LOS VERBOS IRREGULARES

|  | IR | VER | SER |
|---|---|---|---|
| (yo) | iba | veía | era |
| (tú) | ibas | veías | eras |
| (él / ella, usted) | iba | veía | era |
| (nosotros / as) | íbamos | veíamos | éramos |
| (vosotros / as) | ibais | veíais | erais |
| (ellos / ellas, ustedes) | iban | veían | eran |

# OTROS USOS DEL PRETÉRITO IMPERFECTO

**1. DESCRIPCIONES**

– **Era** un tipo muy interesante, ¿verdad?
– Sí… **era** poeta. Recuerdo que siempre le **gustaba** andar descalzo.

> Era un tipo…
>
> …era poeta
> le gustaba…

– ¿A qué hora llegaste a casa?
– Creo que eran alrededor de las tres.

> eran alrededor de…

– ¿Cuántos años **tenías** cuando conociste a Mark?
– Veintidós.

> ¿Cuántos años tenías…

**2. INTENCIÓN**

– ¿Sí? ¿Dígame?
– Hola, Cris… Soy Isabel.
– ¡Hombre! Ahora mismo **iba** a llamarte yo, ¿qué tal?

> …iba a llamarte

**3. CIRCUNSTANCIA EN LA QUE OCURRE ALGO**

– **Estaba** en la ducha y, de repente, oí un ruido extrañísimo…
– ¿Y qué pasó?
– Nada, **era** el gato de los vecinos.

> Estaba en la ducha…

> Nada, era el gato…

– ¿Cómo es que no fuiste a la fiesta?
– Es que **tenía** el coche en el taller.

> …tenía el coche…

¡OJO!

> No fui PORQUE estaba cansada.
> COMO estaba cansada, no fui.

# *Vamos a practicar*

**1** Escucha y completa con **VERDADERO o FALSO:**

|   | V | F |
|---|---|---|
| – En enero estuvo esquiando. |   |   |
| – En abril fue a un congreso en Polonia. |   |   |
| – En mayo estuvo en Atenas. |   |   |
| – En agosto estuvo en la playa. |   |   |
| – En diciembre estudió inglés en Inglaterra. |   |   |

**2** Pregunta a tu compañero(a) y completa:

**1.** ¿Dónde vivías de pequeño(a)?

*Yo vivía a Reading*

**2.** ¿A qué colegio ibas?

*Iba a I.M Marsh Colegio de educación física*

**3.** ¿Qué te gustaba hacer los fines de semana?

*Me gustaba jugar al tenis*

**4.** ¿Practicabas algún deporte?

*Practicaba el tenis y el hockey*

**5.** ¿Qué música te gustaba?

*Los Beatles me gustaban y la música clásica*

**6.** ¿Dónde pasabas los veranos?

*Pasaba los veranos a la playa*

**7.** ¿Qué coche tenían tus padres?

*Mis padres no tenían un coche*

**8.** ¿Cuál era tu asignatura favorita?

*Mi asignatura favorita era educación física*

**9.** ¿Te gustaba leer?

*No mucho pef me gustaba jugar al aire libre*

**10.** ¿Cómo vestías cuando tenías dieciséis años?

*Vestía en ropa muy normal y con frecuencia hecho en casa.*

**3** Desde que ha empezado a trabajar, Pilar ha cambiado mucho.

Explícales sus cambios a tus compañeros (as).

| ANTES | AHORA |
|---|---|
| · footing | · squash |
| · música country y jazz | · música clásica |
| · hamburguesas | · vegetariana |
| · alcohol | · agua sin gas |
| · vaqueros todos los días | · traje de chaqueta |
| · odiar los ordenadores | · empresa de informática |
| · escribir cartas | · correo electrónico. |
| · telegramas por urgencias | · fax |
| · libros y diccionarios | · CD-ROM |
| · cine y teatro | · "reality-shows" y "culebrones" *soaps.* |
| · cocinar horno *oven* | · cocinar microondas |

Pregúntale a tu compañero(a) cómo ha cambiado en los últimos años, y completa el recuadro:

| ANTES | AHORA |
|---|---|
| | |
| | |
| | |
| | |
| | |

**4** Lee este pequeño texto, relaciona los nombres con las fotografías y explica qué han hecho para ser famosos.

La prensa española ha publicado una lista con los españoles más conocidos internacionalmente. ¿A cuántos de estos españoles conoces? Estas seis personas están en la lista.Trata de encontrar, en la sopa de letras, las actividades por las que son conocidos.

**Juan Carlos** *Rey*
**Miguel Induráin** *Ciclista*
**Plácido Domingo** *Cantante*
**Camilo José Cela** *Director de Cine*
**Pedro Almodóvar** *Escritor*
**Arancha Sánchez Vicario** *Tenis*

| D | A | T | S | I | L | C | I | C | F | I | T | C | R |
|---|---|---|---|---|---|---|---|---|---|---|---|---|---|
| E | H | E | C | D | T | N | A | C | O | M | E | R | N |
| T | D | J | S | K | E | N | B | L | M | D | N | C | E |
| D | I | R | E | C | T | O | R | D | E | C | I | N | E |
| P | D | A | N | A | R | F | E | Ñ | R | G | S | P | T |
| H | A | Q | N | J | M | I | Y | R | E | K | T | S | N |
| T | L | T | M | O | V | D | T | Ñ | E | P | A | O | Q |
| R | E | W | P | S | E | X | R | O | T | A | Y | V | C |
| I | W | O | Z | N | X | E | B | S | R | Y | F | L | C |

# Se dice así

**1** Antes de buscar un trabajo, lo primero es preparar un buen currículum vitae: claro, breve y completo. Observa este modelo:

## CURRÍCULUM VITAE

**DATOS PERSONALES:**

**APELLIDOS:** Adsuara Gutiérrez.     **NOMBRE:** Lucía.

**DIRECCIÓN:** Avda. de la Universidad, 22 - 2ºb Madrid.

**FECHA DE NACIMIENTO:** 23-2-46.    **NACIONALIDAD:** Española.

**EDAD:** 42 años.     **ESTADO CIVIL:** Casada.

**DATOS ACADÉMICOS:**

**TITULACIÓN:** Licenciada en Ciencias Económicas y Empresariales.

**CENTRO DE ESTUDIOS:** Universidad Central de Barcelona.

**CALIFICACIÓN OBTENIDA:** Notable.     **FECHA:** 1970.

**EXPERIENCIA LABORAL:**

**PUESTO DE TRABAJO:** Directora del Departamento de Operaciones.

**CENTRO/EMPRESA:** Castrol Internacional, S.A. **FECHA:** 1971-1985.

**PUBLICACIONES:**

*Cómo hacer los mejores negocios, Fundación Empresa Europea, Madrid, 1980.*

**IDIOMAS:**

**Inglés:** Avanzado.    **Francés:** Avanzado.

**Alemán:** Medio     **Otros:** Nociones de italiano.

**2** En grupos: Cada uno de vosotros es candidato para este puesto de trabajo.

Preparad vuestro currículum vitae, porque vais a tener una entrevista.

**3** Variedades hispanoamericanas.

| HISPANOAMÉRICA | | ESPAÑA |
|---|---|---|
| laburo | = | trabajo, empleo. |
| egresado | = | licenciado, graduado. |
| recibirse | = | licenciarse. |
| embolador (Col.) | = | limpiabotas. |
| plomero (Méx.) | = | fontanero. |
| vocero (Méx.) | = | portavoz. |
| milico (Arg., Bol., Chil., Per., Ur.) | = | soldado, policía. |
| boletero | = | taquillero. |

# Un paso más

**1** Lee el texto siguiente:

## EL COLEGIO DEL REY, DE ALCALÁ, SEDE DEL INSTITUTO CERVANTES

El Instituto Cervantes es un organismo público, creado el 21 de marzo de 1991 para promover la enseñanza del español y difundir la cultura de los países hispanohablantes. Hoy es la mayor organización mundial dedicada a la enseñanza del español, y sus centros se extienden ya por cuatro continentes.

El edificio denominado "Colegio del Rey", en Alcalá de Henares (Madrid), es la sede del Instituto Cervantes, porque en esta localidad nació el escritor Miguel de Cervantes, por tener universidad y por estar situada a sólo 30 kilómetros de Madrid. En la actualidad la comparte con el Palacio de la Trinidad, en Madrid.

¿Qué hace el Instituto Cervantes?

· Enseña el español a todos los niveles y ofrece cursos especiales.

· Gestiona las pruebas para obtener los Diplomas oficiales de Español como Lengua Extranjera (DELE).

· Pone al día los métodos de enseñanza y formación del profesorado y fomenta la labor de investigadores e hispanistas.

· Organiza actividades culturales: conferencias, espectáculos musicales, exposiciones, cine, teatro y otras actividades.

· Dispone de modernas bibliotecas.

**2** Comenta en clase:

1. ¿Para qué se creó el Instituto Cervantes?
2. ¿Por qué tiene sede en Alcalá de Henares?
3. ¿En qué edificio está ubicado?
4. ¿Qué hace el Instituto Cervantes?

## Ahora ya sabes

| FUNCIONES | | GRAMÁTICA | | VOCABULARIO | |
|---|---|---|---|---|---|
| Expresar hábitos y costumbres en el pasado. | ☐ | PRETÉRITO IMPERFECTO | ☐ | Currículum vitae. | ☐ |
| | | Pretéritos imperfectos irregulares. | ☐ | | |
| Describir en el pasado. | ☐ | Marcadores temporales de frecuencia. | ☐ | Entrevista de trabajo | ☐ |
| | | Usos del imperfecto. | ☐ | | |
| Expresar la circunstancia en que ocurre algo. | ☐ | Soler + INFINITIVO. | ☐ | Variedades hispanoamericanas. | ☐ |

# ¡PÓNGAME UNA CAÑA, POR FAVOR!

_D/anght Bee_

## ¿Eres capaz de...?

**¿Eres capaz de situar estas frases?**

– Póngame una caña, por favor.  3

– Aquí no se puede fumar.  2

– ¿Dígame?  1

– ¿Me das un cigarrillo, por favor?  4

(Dame)

## Pretexto

**EN UN BAR.**

△ Pónganos una caña y un vino blanco, por favor.

○ **¡Marchando!** ¿Algo más?   at once

△ Nada más, cóbreme.  Charge me

**EN UN RESTAURANTE.**

△ Perdone, señora, aquí no se puede fumar. Esta zona está reservada para no fumadores.

○ Lo siento, ¿puede cambiarme de mesa?

△ **Por supuesto**, sígame.

△ ¿Qué va a tomar?

○ De primero, tráigame una sopa, y de segundo… ¿está fresco el pescado?

△ Por supuesto, señora, es del día.

○ Pues, entonces, merluza a la plancha. grilled hake

△ ¿Y para beber?

○ Agua sin gas, por favor.

**EN UN TAXI.**

△ Lléveme a la facultad de filología, por favor.

○ ¿Vamos por el centro o por la autovía?

△ **Pues, no sé…** tengo muchísima prisa. Lléveme por la autovía.

**EN CASA.**

△ ¿Me dejas el periódico? Voy a ver qué película ponen en la tele esta noche.

○ Sí, cógelo. Está al lado del ordenador.

△ ¿Tienes un sobre? envelope

○ Sí, cógelo. Está en el mueble, encima de los discos.

△ ¡Oye! Estoy pensando en ir de excursión con Pilar, ¿me dejas el coche?

○ Bueno, pero lo necesito el domingo por la tarde.

△ De acuerdo, gracias.

**EN EL TREN.**

△ Disculpe, ¿puedo abrir un poco la ventanilla?

○ ¡Claro! Ábrala, ábrala.

△ Gracias, es que la calefacción está muy fuerte.

**CON LOS VECINOS.**

△ ¿Puede bajar el volumen, por favor? Es que estoy intentando dormir.

○ Sólo son las seis…

△ **Sí, ya lo sé**, pero es que yo trabajo de noche.

**EN CASA.**

○ ¡Ha llegado la carta! ¿Puedo abrirla?

△ **¡Claro,** ábrela!

**POR TELÉFONO.**

△ ¡Ring, ring…!

○ ¿Sí? ¿Dígame?

△ ¿Está Concha, por favor?

○ Sí, ahora se pone. ¡Concha, ponte al teléfono!

# Cara a cara

**Pregunta - contesta a tu compañero(a). Puedes ayudarte con el pretexto.**

**Usa las expresiones del recuadro.**

**A.** Nada más. Cóbreme, por favor. *(Charge)*

**B.** Sí, cógelo. Está en el bolsillo de mi chaqueta. *(Pocket)*

**C.** Agua con gas, por favor.

**D.** Sí, ponme un poco. Me encanta.

**E.** No faltaría más. Ahora mismo, señora. *(That would be the limit / Better)*

**F.** Sí, yo no lo necesito.

**G.** Dame uno pequeño.

**H.** Lléveme al aeropuerto, por favor.

**I.** Pónganos dos cañas y un vino blanco, por favor.

1. △ ¿Quieres azúcar con el té?
   ○ .................................................... .

2. △ ¿Qué van a tomar?
   ○ .................................................... .
   △ El vino, ¿seco?
   ○ Sí, por favor.

3. △ ¿Y para beber?
   ○ .................................................... .

4. △ ¿Algo más?
   ○ .................................................... .

5. △ ¿A dónde vamos?
   ○ .................................................... .

6. △ ¿Puedo usar tu ordenador esta tarde?
   ○ .................................................... .

7. △ La pizza ya está lista, ¿quieres un trozo?
   ○ .................................................... .

8. △ ¿Tienes un boli? *(Biro)*
   ○ .................................................... .

9. △ ¿Podría bajar el aire acondicionado, por favor?
   ○ .................................................... .

*(Conditional / Polite)*

¡Marchando! *(working)*

Por supuesto. *(of course)*

Claro...

Pues, no sé.

Sí, ya lo sé.

# *Gramática*

## IMPERATIVO AFIRMATIVO

|  | LLEVAR | COGER | ABRIR |
|---|---|---|---|
| TÚ | lleva | coge | abre |
| USTED | lleve | coja | abra |

## IMPERATIVOS IRREGULARES

|  | PONER | VENIR | HACER | DECIR | TENER | SALIR |
|---|---|---|---|---|---|---|
| TÚ | pon | ven | haz | di | ten | sal |
| USTED | ponga | venga | haga | diga | tenga | salga |

## IMPERATIVO AFIRMATIVO + PRONOMBRE OBJETO DIRECTO

- ¿Puedo tirar el periódico de ayer?
- Sí, sí, **tíralo**.

- ¿Puedo abrir la ventana?
- Sí, sí, **ábrela**.

- ¿Me dice adónde vamos?
- Sí, **lléveme** al aeropuerto… y ponga el taxímetro, por favor.

*dejar – to allow
let*

# PEDIR PERMISO

| | Para concederlo | Para rechazarlo |
|---|---|---|
| ¿Puedo + INFINITIVO? <br><br> ¿Se puede + INFINITIVO? | Claro. <br> Por supuesto. <br> No faltaría más. ? <br> Sí, sí. | No, lo siento. <br><br> No, no se puede. |

# PEDIR ALGO

| | | |
|---|---|---|
| • **Algo que devolvemos:** *give back* | – ¿Me dejas...? <br> – ¿Puedes dejarme...? <br> – ¿Podrías dejarme...? <br> – ¿Tienes…? | > *¡Oye! ¿**Me dejas** un bolígrafo, por favor?* <br> < *Claro, cógelo.* |
| • **Algo que no devolvemos:** | – ¿Me das...? <br> – ¿Puedes darme...? <br> – ¿Podrías darme...? | > *¿**Puedes darme** un sobre, por favor?* <br> < *Claro, toma.* |

# EXPRESAR OBLIGACIÓN

| | | |
|---|---|---|
| • **Nos referimos a una persona concreta:** | Tengo <br> Tienes <br> Tiene <br> Tenemos <br> Tenéis <br> Tienen — que + INFINITIVO | – *Si quieres mejorar tu español, **tienes que practicar** todos los días.* |
| • **Es una referencia general:** | Hay que + INFINITIVO | – ***Hay que trabajar** para vivir, y no al revés, ¿no os parece?* <br> – ***Hay que comprar** leche, ¿quién va a hacerlo?* |

# CONDICIONAL

| | | | |
|---|---|---|---|
| (yo) | | -ía | saldría |
| (tú) | -AR (pens**ar**) | -ías | saldrías |
| (él / ella, usted) | -ER (perd**er**) | -ía | saldría |
| (nosotros / as) **VERBOS EN** | | -íamos | saldríamos |
| (vosotros / as) | -IR (ped**ir**) | -íais | saldríais |
| (ellos / ellas, ustedes) | | -ían | saldrían |

– *¿Saldríais mañana de excursión?*

– *¿Por qué no? Estamos dispuestos.*

# Vamos a practicar

**1** Completa los siguientes diálogos con la forma apropiada del imperativo:

1. – ¡El teléfono está sonando! ¿Es que no lo oyes?
   – (Coger) ............lo tú, que yo no puedo, tengo las manos sucias.

2. – Un poco de sal … y lista. Ya está preparada.
   – Pues, (meter, tú) ............la al horno.

3. – ¿Dónde pongo estos libros?
   – (Poner, tú) ............los en la mesa, por favor.

4. – ¡Hola! (Dar, usted) ............me un vino, por favor.
   – Ahora mismo, ¿algo más?
   – Nada más, gracias.

5. – ¿Abro ya la botella de vino?
   – Sí (abrir, tú) ............la. La comida estará lista en cinco minutos.
   – (Pasar tú) ............me el agua, por favor.
   – Toma.

6. – ¿Puedes dejarme el periódico, por favor?
   – Claro, (coger, tú) ............lo. Está en mi bolso.

**2** En parejas. Coloca tus cuatro barquitos sin que los vea tu compañero(a) y adivina dónde están los suyos.

| | TÚ | USTED |
|---|---|---|
| poner | pon | ponga |
| venir | ven | venga |
| hacer | haz | haga |
| decir | di | diga |
| tener | ten | tenga |
| coger | coge | coja |
| abrir | abre | abra |
| cobrar | cobra | cobré |
| salir | sal | salga |
| dar | da | diga |

H/W 1/3/04

**3** En parejas. Pídele a tu compañero(a) las siguientes cosas:

- ¿Me dejas el periódico, por favor?
- Toma.

**4** Indica qué se puede y qué no se puede hacer.

H/W 1/3/04

| SE PUEDE |
|---|
| echar gasolina |
| aparcar y tomer un picnic |
| cambiar dinero |
| |
| |
| |

| NO SE PUEDE |
|---|
| fumar |
| andar con el perro |
| (pasar por el) circular |
| estar ruidoso |
| hacer ruido (make a noise) |
| |

H/W 1/3/04

**5** Habla con tu compañero(a) utilizando las siguientes estructuras:

- ¿Puedo
- ¿Puedes | + INFINITIVO?

ABRIR LA VENTANILLA EN UN AUTOBÚS

FUMAR EN UN TREN

BAJAR EL VOLUMEN DE LA RADIO

DEJARME ALGO DE DINERO. ESTOY SIN BLANCA.

DARME UN POCO DE SAL.

LLAMAR POR TELÉFONO.

# Se dice así

**1** Fíjate en el nombre de estos lugares:

Indica cuál de estos lugares elegirías para:

Tomar el aperitivo antes de comer. ☐ 1    Tomar un café a media tarde. ☐ 1 o 2
Celebrar tu cumpleaños con tus amigos. ☐ 1    Desayunar fuera de casa. ☐ 2
Tomar una copa con tu novio(a). ☐    Una comida de negocios. ☐ 3
Hacer una comida rápida. ☐ 6    Charlar con una vieja amiga. ☐ 4

**2** Fíjate en el siguiente vocabulario:

· una caña

· una copa de vino | blanco / rosado / tinto

· un té con limón

· un chocolate
· una ración de...
· un pincho de... | jamón
· un bocadillo de | tortilla / queso / chorizo

– ¡Hola, José!
– ¿Qué te pongo?
– Ponme una… _caña_ ...........(1)
– ¿Algo de comer?
– Pues sí… un _bocadillo_ ...(2)
   de … ¿qué tienes?
– .................(3) _tortilla_ , queso,
   jamón, _chorizo_ ...(4)
– Vale, un bocata de
   .................(5) _queso_
– José, cóbrame, que llego tarde.
– Son .................(6) _450_ pesetas.

**3** En un restaurante necesitarás estas expresiones. Crea un diálogo con tu compañero(a).

- ¿TIENE UNA MESA LIBRE, POR FAVOR?
- TRÁIGAME LA CARTA, POR FAVOR.
- QUISIERA EL MENÚ DEL DÍA.
- DE PRIMERO…, DE SEGUNDO…, Y DE POSTRE…,
- PARA BEBER…,
- LA CUENTA, POR FAVOR.
- HAY UN ERROR EN LA CUENTA.

**4** Variedades hispanoameri-canas

| HISPANOAMÉRICA | | ESPAÑA |
|---|---|---|
| argolla (Col., Chil.) | = | anillo, alianza. |
| aretes | = | pendientes. |
| anteojos (Per., Méx.) | = | gafas. |
| pollera (Arg., Bol., Chil., Per., Ur.) | = | falda. |
| saco | = | americana, chaqueta. |

# Un paso más

**1** ¿Has oído alguna vez "Macarena"?

*Es una canción que suena en todo el mundo, desde Canadá a Japón. Los del Río y su canción **"Macarena"** han estado durante muchas semanas en el número uno del "Top Ten" de los Estados Unidos. Todo el planeta sufre una enfermedad denominada "macarenomanía".*

**Te damos la letra; seguro que conoces su música y la forma de bailarla.**

Dale a tu cuerpo alegría, Macarena,
que tu cuerpo es pa darle alegría
y cosas buenas.
Dale a tu cuerpo alegría Macarena
Eh, Macarena.

Macarena tiene un novio que se llama
que se llama de apellido Vitorino,
En la jura de bandera del muchacho
se la dio con dos amigos.

Dale a tu cuerpo alegría, Macarena,
que tu cuerpo es pa darle alegría
y cosas buenas.
Dale a tu cuerpo alegría Macarena
Eh, Macarena.

Macarena, Macarena, Macarena
que te gustan los veranos de Marbella.

Macarena, Macarena, Macarena
que te gusta la movida guerrillera.

Dale a tu cuerpo alegría, Macarena,
que tu cuerpo es pa darle alegría
y cosas buenas.
Dale a tu cuerpo alegría Macarena
Eh, Macarena.

Macarena sueña con el Corte Inglés
y se compra los modelos más modernos,
le gustaría vivir en Nueva York
y ligar un novio bueno.

Dale a tu cuerpo alegría, Macarena,
que tu cuerpo es pa darle alegría
y cosas buenas.
Dale a tu cuerpo alegría Macarena
Eh, Macarena.

## Ahora ya sabes

| FUNCIONES | | GRAMÁTICA | | VOCABULARIO | |
|---|---|---|---|---|---|
| Pedir algo. | ☐ | IMPERATIVO afirmativo tú / usted. | ☐ | Bares | ☐ |
| | | Algunos imperativos irregulares. | ☐ | | |
| | | IMPERATIVO + O. Directo. | ☐ | | |
| Expresar obligación. | ☐ | Tener que / hay que + INFINITIVO. | ☐ | Restaurantes | ☐ |
| | | Se puede / no se puede + INFINITIVO. | ☐ | | |
| Expresar órdenes. | ☐ | ¿Me das...? / ¿Me dejas...? | ☐ | Variedades hispanoamericanas | ☐ |
| | | CONDICIONAL | ☐ | | |

# UNIDAD **15**

# *repaso*

**1** Escucha y completa con **VERDADERO o FALSO:**

– Ha empezado a trabajar muy temprano.
– Ha tomado un café con Luis.
– Ha tenido una reunión.
– Hoy no ha comido.
– Ha vuelto a casa a las ocho.

| V | F |
|---|---|
| ✓ | ✓ |
| ✓ |   |
| ✗ | ✓ |
|   | ✓ |
| ✓ |   |

**2** Pregunta a tu compañero(a):

– ¿Qué te ha parecido…?
– ¿Te ha gustado…?

| | |
|---|---|
| la clase de hoy | muy interesante. |
| la última película de Sean Connery | sí, mucho. |
| el último libro de Antonio Muñoz Molina | muy divertido. |
| el último disco de **Wet, wet, wet** | no mucho. |
| la película **Independence day** | demasiado patriótica. |

**3** Completa con el **PRETÉRITO PERFECTO**

*HW 8/3/04*

1. Estoy enfadadísima con Luis: (volver) he vuelto a las tantas, *very angry* y mañana tiene un examen.

2. Lo siento, (romper) he roto el jarrón que está en la mesita de la televisión.

3. ¿Qué ha pasado? ¿(Ver, tú) has visto hoy las noticias?

4. Me (decir, ellos) han dicho que Sonia y Pedro se casan en noviembre, ¿es verdad?

5. Las tiendas (cerrar) han cerrado a las ocho.

6. ¿(Ver, tú) has visto la última película de Hugh Grant?

7. La película me (parecer) ha parecido un poco aburrida.

8. Creo que ya (volver) ha vuelto tu madre.

9. ¿Qué (pasar) ha pasado ? He visto el coche de los bomberos en la esquina.

10. Hoy (haber) he habido una tormenta horrible.

# repaso

**4** Escucha y contesta con VERDADERO o FALSO.

*go for a drink*

|  | V | F |
|---|---|---|
| – Estuvo toda la tarde en casa. |  | ✓ |
| – Fue al médico con su madre. | ✓ |  |
| – Salió de copas con Marisa. |  |  |
| – Marisa estuvo en Inglaterra. |  |  |
| – Marisa se casó con Luis hace unos meses. | ✓ |  |

*got married*

**5** En la comisaría de policía. Completa con PRETÉRITO o PRETÉRITO PERFECTO.

*H/W 8/3/04*

– ¡Hombre! ¿Qué haces por aquí?

– Ya ves, es que esta mañana (perder, yo) ...he perdido... el pasaporte y (venir, yo) ...he venido... a ver si resuelvo el problema, ¿y tú?

– Pues a mí me (poner) ...han puesto... ayer una multa, es la segunda este mes.

– ¡Qué mala suerte!

– Pues sí. Bueno, ¿(resolver, tú) ...resolviste... lo del pasaporte?

– En realidad, no. Me (decir, ellos) ...dijeron... que tengo que volver mañana con una fotocopia del carné de identidad, dos fotografías y 2.145 pesetas (12,89 €)… Así es que mañana perderé la tarde otra vez…

– Bueno, es peor tener que pagar 20.000 pesetas (120,2 €) de multa, ¿no?

– Supongo que sí.

**6** Completa con la forma adecuada del IMPERATIVO:

*H/W 1/3/04*

1. – ¿Has terminado con el periódico, Jesús?
   – Sí, (coger, tú) ...coge...lo.

2. – María, (poner) ...ponte...te al teléfono, es para ti.
   – Ya voy.

3. – Ring, ring…
   – ¿Sí…? ¿(Decir, usted) ...diga...me?

4. – (Dar, usted) ...dé...nos un café con leche y un té, por favor.
   – Ahora mismo. ¿Algo más?

5. – ¿Qué le digo a Luis?
   – (Decir, tú) ...dile...le que estoy cansada y que mañana le llamaré.

# repaso

**7** Completa con PRETÉRITO, PRETÉRITO PERFECTO o PRETÉRITO IMPERFECTO.

El sábado pasado (ser) ......~~fue~~...... el cumpleaños de mi hermano mayor, y por eso (ir, nosotros) ......~~fuimos~~...... a Ciudad Real para celebrarlo. (Ir) ......~~fuimos~~...... todos: mis padres, mi hermano pequeño, mi abuela, la novia de mi hermano y yo. Como (ser) ......~~fue~~...... su cumpleaños, nos (invitar, él) ......~~invitó~~...... a comer en un restaurante.

Cuando (estar, nosotros) ......~~estábamos~~...... tomando el postre, mi hermano pequeño (empezar) ......~~empezó~~...... a contar la historia de su amigo Pedro. Nos (reír) ......~~reímos~~...... muchísimo.

Mis padres le (regalar) ......~~regalaron~~...... una cámara de vídeo; mi abuela, una camisa; y yo, una agenda. El día (ser) ......~~ha sido~~...... estupendo.

Esta mañana le (llamar, yo) ......~~llamé~~...... para darle las gracias por la invitación.

Busca, en esta sopa de letras, los verbos que has escrito en el texto:

| B | P | L | Ñ | M | Q | N | O | Ñ | R | P | O | R | C |
|---|---|---|---|---|---|---|---|---|---|---|---|---|---|
| S | E | P | F | U | I | M | O | S | T | D | Q | E | V |
| D | R | S | Q | W | F | B | S | R | A | X | O | G | E |
| S | E | T | T | I | U | V | T | M | Z | T | U | A | B |
| F | M | V | W | A | E | C | A | M | I | X | E | L | G |
| W | P | D | X | Y | B | L | E | V | O | Y | R | A | Z |
| H | E | F | Z | B | L | A | N | B | G | S | A | R | I |
| C | Z | F | U | E | H | I | M | C | D | J | E | O | D |
| J | O | K | H | R | E | I | M | O | S | F | L | N | K |
| G | F | H | M | J | G | K | N | L | S | H | M | L | C |

**8** Relaciona:

1.      Esta mañana — 3 **a.** fuimos a Grecia.
2. f   ¿Fuiste ayer   7 **b.** la película.
3. a   El verano pasado   → **c.** he ido a la facultad.
4. e   ¿Dónde estuviste   10 **d.** en clase esta mañana?
5. c   ¿Has estado alguna vez   4 **e.** ayer?
6. j   ¿Dónde celebraste   **f.** 2 a clase? 2
7. b   No me ha gustado   9 **g.** dormir.
8. h   El libro me ha parecido   8 **h.** muy divertido.
9. g   He dicho que quiero   5 **i.** en Bosnia?
10. d   ¿Qué habéis hecho   6 **j.** tu cumpleaños?

# *repaso*

**9** Escucha e identifica los diálogos con los dibujos.

**10** Lee este texto:

## EL FLAMENCO

El flamenco es un arte que incluye el cante, el toque, esencialmente la guitarra, y el baile. Responde a una lejanísima tradición localizada principalmente en el sur de España, en Andalucía. Sus protagonistas más importantes a lo largo de la historia han sido los "cantaores" de origen gitano, aunque no han faltado primeras figuras de origen payo. Lo esencial en el flamenco es la tradición, por ello no hay compositores propiamente dichos, sino cantaores y guitarristas (también "bailaores") que interpretan cantes, estilos o géneros, en su mayoría de tradición popular.

**payo:** *para los gitanos, persona que no es de su raza.*

**11** Completa con **VERDADERO O FALSO**

|  | V | F |
|---|---|---|
| – El flamenco sólo es un baile. | | ✓ |
| – Su origen se encuentra en Levante. | | ✓ |
| – Lo esencial en el flamenco es la tradición. | ✓ | |

# TEXTOS GRABADOS

*(QUE NO APARECEN O APARECEN INCOMPLETOS, EN LAS UNIDADES RESPECTIVAS)*

## UNIDAD 1
### Vamos a practicar

**1. Escucha y repite.**
Cuaderno - guitarra - lápiz - perro - vaso - niño - huevo - pez

### Se dice así

**1. En este aeropuerto se han olvidado de traducir los rótulos. Pero tú comprendes, ¿verdad?**
Recogida de equipajes - salidas internacionales - llegadas nacionales - ascensor - control de pasaportes - aduana - información.
**Ahora escucha y dibuja los símbolos.**

## UNIDAD 2
### Vamos a practicar

**1. Vais a oír dos veces una serie de números. Escuchad y señalad el número correspondiente. Gana el primero que los señale todos.**
**Alumno A**
El cero - el tres - el cinco - el trece - el quince - el dieciséis - el diecinueve - el veintidós - el veintitrés - el treinta y tres - el cincuenta y uno - el sesenta y seis.
**Alumno B**
El cero - el tres - el cinco - el trece - el quince - el dieciséis - el diecinueve - el veintidós - el veintitrés - el treinta y tres - el cincuenta y uno - el sesenta y seis.

**2. Ahora escuchad de nuevo y escribid los números.**
El cero - el cinco - el quince - el dieciséis - el tres - el trece - el veintidós - el diecinueve - el treinta y tres - el sesenta y seis - el cincuenta y uno - el veintitrés.

### Se dice así
COSAS
**Escucha y señala en el dibujo las cosas que oigas.**
Tengo un despacho nuevo, es grande y con mucha luz. **Mi mesa de trabajo** está enfrente de **la ventana**. A la derecha está el **teléfono**. El ordenador está a la izquierda. Ahora tengo una **impresora láser**. No fumo, pero encima de la mesa hay **un cenicero** y un **mechero grande**. La mesa tiene **cuatro cajones**, pero las cosas siempre están fuera: **la grapadora** encima de **los papeles**, y **los bolígrafos** por todas partes. En el despacho también hay **un sillón** muy cómodo para trabajar, **una lámpara**, muchas plantas y un cuadro de **arte moderno** en la pared.

### Un paso más
**Escucha la conversación y escribe la siguiente información:**
- ¿La oficina de reclamaciones?
- Allí, al lado de la aduana.
...
- Buenos días, señor, mi maleta no está con las otras.
- No se preocupe. Su nombre, por favor.

- Germaine Sterckx. G-E-R-M-A-I-N-E   S-T-E-R-C-K-X.
- ¿En qué hotel está?
- En el Meliá Costa del Sol.
- La dirección y el teléfono, por favor.
- Paseo Marítimo de Bajondillo, s/n (sin número) y el teléfono es 238 64 00.
- Muy bien. Pues esta tarde estamos con la maleta en su hotel.
- Muchas gracias.

## UNIDAD 3
### Vamos a practicar

**1. Escucha los diálogos y relaciónalos en el dibujo correspondiente.**
**Estación con gente:**
- Perdone, ¿a qué hora llega el Talgo de Madrid?
- A las ocho menos cinco.
- Gracias.
**En correos:**
- Perdona, ¿qué día es hoy?
- Martes, 23.
- Gracias.
**Dos estudiantes hablando:**
- Oye, tú, ¿cuándo estudias?
- Yo, todos los días ¿y tú?
- Yo sólo antes de los exámenes.

**2. Escucha y señala lo que hace Beatriz:**
Los fines de semana no hago muchas cosas. Los sábados me levanto tarde y como en casa sin prisa. Por la tarde, voy al cine con los amigos y a veces por la noche vamos a la discoteca. ¿Cenar? Depende, unas veces comemos una pizza, otras veces vamos a un restaurante y cenamos bien. Y los domingos... descanso, descanso y descanso.

## UNIDAD 4
### Vamos a practicar

**1. Aquí tenéis un mapa de España con algunas ciudades. A continuación, escuchad los prefijos telefónicos. Apuntadlos en la ciudad correspondiente.**
Si usted llama desde fuera de la provincia, debe marcar delante del número, el prefijo o el indicativo correspondiente. Si llama desde el extranjero, no debe marcar el 9.
Aquí tiene algunos indicativos de algunas provincias de España:
Madrid: el 91; Barcelona: el 93; La Coruña: el 981; Salamanca: el 923; Málaga el 95; Baleares (capital Palma de Mallorca): el 971; Asturias (capital Oviedo): el 98, y Las Palmas de Gran Canaria: el 928.

**2. Galerías ¡QUÉ PRECIOS! anuncian sus grandes rebajas de otoño - invierno. Escuchad y tomad nota de estos precios.**
Abrigo de señora, antes 62.500, ahora 45.000. Jerseys de lana por 7.500.

Traje de caballero grandes marcas, desde 29.000. Botas unisex, antes 14.500, ahora 9.900.
Cazadoras de cuero, 1ª calidad, desde 33.000. Faldas largas, antes 12.200, ahora 7.999.

**7. Escucha y coloca las frases en el dibujo correspondiente.**

1- ¡Hola, Johanna! Mira, **este** es David.
- Encantada.
- Mucho gusto.

2- Buenos días, ¿puedo ver **aquel bolso**?
- Ahora mismo, señora.

3- ¡Qué bonito es **ese reloj**!
- Es un regalo de mi novio.

4- ¿Qué desea?
- Quisiera **estos zapatos**, pero en el 38.

### Un paso más

**1. Escucha y anota el nombre de las monedas de los países hispanoamericanos. Ojo, algunas se repiten.**

El **peso** es uno de los nombres más repetidos. Es la moneda de Argentina, México, Chile, Bolivia, Cuba, Colombia, República Dominicana y Uruguay. Para recordar al descubridor, en El Salvador y Costa Rica la moneda se llama **colón**. El **sucre** es la moneda de Ecuador. El **quetzal**, la moneda de Guatemala. En Perú la moneda tiene dos nombres, **sol** o **inti**. La moneda de Honduras se llama **lempira**. En Nicaragua circula el **córdoba**. El **balboa**, en honor de otro descubridor, es la moneda de Panamá. La moneda de Paraguay se llama como la lengua de los indios: el **guaraní**. El **dólar** es la moneda de Puerto Rico. El **bolívar**, moneda de Venezuela, nos recuerda al famoso libertador.

# UNIDAD 5

**1. Escucha y escribe las palabras correctamente**

un pez - Guatemala - las tijeras - una tiza - los vasos - Venezuela - un perro - una pera - Ecuador - las guitarras

**12. Escucha y completa este pequeño poema.**

Treinta días trae septiembre, con abril, junio y noviembre; los demás traen treinta y uno, excepto febrero mocho, que solo tiene veintiocho.

**14. Escucha atentamente y completa esta información.**

El Centro comercial más importante de Málaga es *Larios Centro*. Más de 100 tiendas situadas en la avenida de la Aurora, frente a los jardines de Picasso. Nuestro horario es de lunes a sábado, desde las 10 de la mañana hasta las 10 de la noche y la zona de restaurantes y multicines está abierta hasta la 1,30 de la madrugada, también los domingos y días de fiesta.
En *Larios Centro*, usted puede ir a la peluquería o al hipermercado, o comprar regalos. También hay una pista de hielo y un parque infantil. Además, usted puede aparcar gratis tres horas. ¿Quién da más?

# UNIDAD 8

### Vamos a practicar

**1. Escucha e identifica los diálogos con las ilustraciones.**

1.- ¿Cómo se encuentra, señora? ¿La ayudo?
- Me duele mucho, hijo...
- ¡Tranquila, voy a buscar un taxi!
- (...)
- ¡Taxi!

2.- ¡Uy, cómo me duele! Es espantoso...
- ¡Rápido, el médico! ¡Es urgente!

3.- ¡Hola, Cris! ¿Cómo va eso? ¿Estás mejor?
- Sí, mucho mejor. Creo que mañana iré a clase.
- Pues me alegro.

4.- ¿Se encuentra bien?
- ¡Oh, sí, no es nada! Sólo un poco de sueño atrasado.

5.- ¡Buenos días, doña Rosa! ¡Cuánto tiempo!
- Pues sí, hija, sí, mucho tiempo, pero no creas que estoy bien...
- ¿Qué le pasa?
- Lo de siempre, hija, me duelen mucho las piernas. Y cuando cambia el tiempo...

6.- ¡Mamá! ¿Estás bien? ¿Qué te pasa?
- Nada, nada, es la cabeza. Tengo un dolor horrible...
- ¿Te traigo una aspirina... o algo así?

# UNIDAD 9

### Vamos a practicar

**4. Escucha los siguientes mensajes telefónicos. Escribe una nota para recordar el mensaje.**

1. ¡Hola, guapa! Soy Pedro, ¿qué pasa, que nunca estás en casa? Bueno, que te llamo para decirte que este fin de semana vamos a ir a esquiar a Navacerrada. Si te apetece, llámame.
2. ¡Hola, Cris! Soy Laura. Mira, verás... Es que no puedo ir a la cena. Todavía estoy en la oficina y no sé a qué hora voy a terminar. Lo siento, en serio, lo siento mucho. Mañana te llamo, ¿vale? Un beso, y no te enfades, ¿eh?
3. ¡Sabes que odio los contestadores automáticos! ¿No? Bueno, mira, que esta noche es mi cumpleaños y voy hacer una fiesta en mi casa. Si puedes venir, me alegraría mucho. Esta noche, a las once. ¡Hasta luego!
4. ¡Hola, buenas tardes! Soy Ricardo Santos, el profesor de Lengua. Este es un mensaje para Antonio González. El examen es el lunes, a las cuatro de la tarde, en el aula 23. Un saludo. Gracias.

# UNIDAD 10

**6. Escucha y relaciona las fotografías con la descripción que oigas.**

- La música de Bob Dylan provoca entusiasmo entre los jóvenes.
- Ronaldo es un famoso futbolista brasileño.
- Teresa de Calcuta recibió el Premio Nobel de la Paz.
- Entre los escritores y novelistas hispanoamericanos destaca el peruano Mario Vargas Llosa.

# UNIDAD 11

### Vamos a practicar

**1. Escucha y marca con una cruz lo que ha hecho Concha.**

Hoy ha sido un día realmente estupendo. Me he levantado pronto, a

las ocho, y he bajado a la playa. Me he bañado y he nadado durante media hora, después he paseado. He vuelto a casa a las nueve, me he duchado, me he vestido y he desayunado. ¡Mi desayuno favorito! Té con leche y cereales con yogur. He encendido el ordenador y he revisado el fax: ningún mensaje. He empezado a trabajar a las diez. He estado ocupada toda la mañana con el nuevo libro. A las dos y media he comido una ensalada y he seguido trabajando hasta las seis. A las siete he salido, he ido al cine con María. Hemos visto la nueva película de Tom Cruise. A María le ha gustado mucho, pero a mí me ha resultado un poco lenta. A las diez he vuelto a casa. Dos mensajes en el fax: tengo que contactar con mi editor y enviarle a Dídam un artículo del National Geographic.

**2. Estamos en una agencia de viajes. Escucha el diálogo y señala VERDADERO o FALSO.**

- He visto en el periódico la oferta del viaje a México. ¿Puede darme información, por favor?
- Sí, mire, el precio incluye el billete de avión ida y vuelta, los traslados del aeropuerto al hotel, el alojamiento en un hotel de tres estrellas, en régimen de pensión completa y una excursión a las ruinas mayas de Palenque. ¿Ha estado alguna vez en México?
- No, es mi primer viaje a Hispanoamérica.
- Aquí tiene, además, un folleto con el itinerario, la fecha de salida y llegada, la duración del viaje, las excursiones optativas... Y si tiene alguna pregunta, llámeme.

# UNIDAD 12
## *Vamos a practicar*

**1. Escucha la conversación entre Ana y Gema y contesta con VERDADERO o FALSO.**

- Ese es el viaje que siempre he querido hacer...
- Sí, Andalucía es maravillosa, tiene un color especial.
- Cuéntame, ¿dónde estuviste?
- Está bien, desde el principio: Primero fui a Sevilla, fui en el AVE...
- ¿En qué?
- En el Tren de Alta Velocidad, el viaje dura sólo tres horas.
- Fantástico...
- Allí estuve un par de días, y visité la Catedral y la Universidad, pero lo que más me gustó fue callejear por los distintos barrios de la ciudad... calles pequeñas llenas de flores y de color.
- ¿Y...?
- De Sevilla fui a Granada y después, a Málaga... En Málaga pasé tres días en la playa. Estuvo bien, pero es una zona demasiado turística. En Málaga cogí un autobús hasta Almería y ...

## *Un paso más*

**1. Escucha la siguiente letra, que pertenece a una canción de Gloria Estefan y completa el texto.**

### *Ayer*

Ayer cogí la flor que tú me diste,
imagen del amor que me ofreciste.
Aún guarda fiel el aroma, aquel tierno clavel.
Ayer cogí la flor que tú me diste.

Aún guardo aquella carta que me escribiste
de un rojo pasional tenía una marca.
Tu firma junto al clavel me puso triste
Aún guardo aquella carta que me escribiste

# UNIDAD 13
## *Vamos a practicar*

**1. Escucha y completa con VERDADERO o FALSO**

El año pasado viajé muchísimo. En enero fui a esquiar a los Alpes, en Suiza. Estuve una semana. En febrero y marzo me quedé en Madrid, pero en abril hice un viaje de dos semanas a Turquía. En mayo fui a un Congreso de Lingüística en Atenas, duró cinco días, y en junio estuve en otro Congreso en Polonia. Julio y agosto fueron dos meses tranquilos, los pasé en la playa escribiendo el nuevo libro. En septiembre fui a Brasil para una reunión de profesores. Octubre, noviembre y diciembre los pasé en Inglaterra estudiando inglés.

# UNIDAD 15

**1. Escucha y completa con VERDADERO o FALSO**

Esta mañana he salido de casa muy temprano. He cogido el coche y he ido a la Facultad. En la Facultad me he encontrado con Luis, hemos tomado un café y, como siempre, ha insistido en pagar. Después he hecho algunas fotocopias y he ido a la biblioteca. A las diez y media he empezado a trabajar. Ha venido a verme Paco, un compañero de departamento. Me ha dicho que el viernes tenemos una reunión a las doce.
A las dos y media he ido a comer y he vuelto a mi despacho una hora más tarde. He trabajado hasta las ocho.

**4. Escucha y contesta con VERDADERO o FALSO**

- ¿Ayer?
- Sí, te estuve llamando toda la tarde. ¿Dónde te metes?
- La verdad es que tuve un día muy duro. Tuve que acompañar a mi madre al médico y...
- ¿Qué le pasa?
- Nada de importancia, una revisión rutinaria.
- ¡Ah, bueno!
- Sí, y después quedé con Marisa para devolverle unos libros.
- ¿La de la Facultad?
- Sí.
- ¿Cómo está?
- Muy bien, el año pasado empezó a trabajar en una empresa de exportación y está muy contenta.
- ¿Se casó con ...? Sí... ese chico que se marchó a Inglaterra con una beca cuando terminamos la carrera..
- ¿Quién? ¿ Luis?
- No me acuerdo de cómo se llama... pero creo que sí.
- Pues sí, Luis estuvo tres años en Inglaterra. Se casaron hace unos meses.
- ¿Oye? ¿Te acuerdas de...?

**9. Escucha e identifica los diálogos con los dibujos.**

1.- Lo siento, señor, no se puede aparcar en doble fila.
   - Lo sé, agente, serán sólo unos minutos.

2.- ¿Sí? ¿Dígame?
   - ¿Está María, por favor?
   - Sí, ahora se pone. ¿De parte de quién?
   - Soy Cristina.
   - Un momento, por favor. ¡María, ponte al teléfono, es Cristina!

3.- ¿Me puedes pasar la jarra de agua, por favor?
   - Toma.

# APÉNDICES GRAMATICALES

## HABLAR

### FORMAS NO PERSONALES

|  | SIMPLES | COMPUESTAS |
|---|---|---|
| INFINITIVO: | hablar | haber hablado |
| GERUNDIO: | hablando | habiendo hablado |
| PARTICIPIO: | hablado | |

### INDICATIVO

**PRESENTE**

| | |
|---|---|
| hablo | hablamos |
| hablas | habláis |
| habla | hablan |

**PRETÉRITO PERFECTO (ANTEPRESENTE)**

| | |
|---|---|
| he hablado | hemos hablado |
| has hablado | habéis hablado |
| ha hablado | han hablado |

**PRETÉRITO IMPERFECTO (COPRETÉRITO)**

| | |
|---|---|
| hablaba | hablábamos |
| hablabas | hablabais |
| hablaba | hablaban |

**PRET. PLUSCUAMPERFECTO (ANTECOPRETÉRITO)**

| | |
|---|---|
| había hablado | habíamos hablado |
| habías hablado | habíais hablado |
| había hablado | habían hablado |

**PRETÉRITO INDEFINIDO (PRETÉRITO)**

| | |
|---|---|
| hablé | hablamos |
| hablaste | hablasteis |
| habló | hablaron |

**PRETÉRITO ANTERIOR (ANTEPRETÉRITO)**

| | |
|---|---|
| hube hablado | hubimos hablado |
| hubiste hablado | hubisteis hablado |
| hubo hablado | hubieron hablado |

**FUTURO IMPERFECTO (FUTURO)**

| | |
|---|---|
| hablaré | hablaremos |
| hablarás | hablaréis |
| hablará | hablarán |

**FUTURO PERFECTO (ANTEFUTURO)**

| | |
|---|---|
| habré hablado | habremos hablado |
| habrás hablado | habréis hablado |
| habrá hablado | habrán hablado |

**CONDICIONAL (POSPRETÉRITO)**

| | |
|---|---|
| hablaría | hablaríamos |
| hablarías | hablaríais |
| hablaría | hablarían |

**CONDICIONAL PERFECTO (ANTEPOSPRETÉRITO)**

| | |
|---|---|
| habría hablado | habríamos hablado |
| habrías hablado | habríais hablado |
| habría hablado | habrían hablado |

### SUBJUNTIVO

**PRESENTE**

| | |
|---|---|
| hable | hablemos |
| hables | habléis |
| hable | hablen |

**PRETÉRITO PERFECTO (ANTEPRESENTE)**

| | |
|---|---|
| haya hablado | hayamos hablado |
| hayas hablado | hayáis hablado |
| haya hablado | hayan hablado |

**PRETÉRITO IMPERFECTO (COPRETÉRITO)**

| | |
|---|---|
| hablara/ hablase | habláramos/ hablásemos |
| hablaras/ hablases | hablarais/ hablaseis |
| hablara/ hablase | hablaran/ hablasen |

**PRET. PLUSCUAMPERFECTO (ANTECOPRETÉRITO)**

| | |
|---|---|
| hubiera / hubiese hablado | hubiéramos / hubiésemos hablado |
| hubieras / hubieses hablado | hubierais / hubieseis hablado |
| hubiera / hubiese hablado | hubieran / hubiesen hablado |

### IMPERATIVO

| | |
|---|---|
| habla | hablad |
| (hable) | (hablen) |
| (hablemos) | |

## VENDER

### FORMAS NO PERSONALES

|  | SIMPLES |
|---|---|
| INFINITIVO: | vender |
| GERUNDIO: | vendiendo |
| PARTICIPIO: | vendido |

### INDICATIVO

**PRESENTE**

| | |
|---|---|
| vendo | vendemos |
| vendes | vendéis |
| vende | venden |

**PRETÉRITO IMPERFECTO (COPRETÉRITO)**

| | |
|---|---|
| vendía | vendíamos |
| vendías | vendíais |
| vendía | vendían |

**PRETÉRITO INDEFINIDO (PRETÉRITO)**

| | |
|---|---|
| vendí | vendimos |
| vendiste | vendisteis |
| vendió | vendieron |

**FUTURO IMPERFECTO (FUTURO)**

| | |
|---|---|
| venderé | venderemos |
| venderás | venderéis |
| venderá | venderán |

**CONDICIONAL (POSPRETÉRITO)**

| | |
|---|---|
| vendería | venderíamos |
| venderías | venderíais |
| vendería | venderían |

### SUBJUNTIVO

**PRESENTE**

| | |
|---|---|
| venda | vendamos |
| vendas | vendáis |
| venda | vendan |

**PRETÉRITO IMPERFECTO (COPRETÉRITO)**

| | |
|---|---|
| vendiera/ vendiese | vendiéramos/ vendiésemos |
| vendieras/ vendieses | vendierais/ vendieseis |
| vendiera/ vendiese | vendieran/ vendiesen |

### IMPERATIVO

| | |
|---|---|
| vende | |
| (venda) | |
| (vendamos) | |

OMPUESTAS

ber vendido
biendo vendido

TÉRITO PERFECTO (ANTEPRESENTE)

| | |
|---|---|
| endido | hemos vendido |
| vendido | habéis vendido |
| endido | han vendido |

T. PLUSCUAMPERFECTO (ANTECOPRETÉRITO)

| | |
|---|---|
| ía vendido | habíamos vendido |
| ías vendido | habíais vendido |
| ía vendido | habían vendido |

TÉRITO ANTERIOR (ANTEPRETÉRITO)

| | |
|---|---|
| e vendido | hubimos vendido |
| iste vendido | hubisteis vendido |
| o vendido | hubieron vendido |

URO PERFECTO (ANTEFUTURO)

| | |
|---|---|
| ré vendido | habremos vendido |
| rás vendido | habréis vendido |
| rá vendido | habrán vendido |

DICIONAL PERFECTO (ANTEPOSPRETÉRITO)

| | |
|---|---|
| ría vendido | habríamos vendido |
| rías vendido | habríais vendido |
| ría vendido | habrían vendido |

TÉRITO PERFECTO (ANTEPRESENTE)

| | |
|---|---|
| a vendido | hayamos vendido |
| as vendido | hayáis vendido |
| a vendido | hayan vendido |

T. PLUSCUAMPERFECTO (ANTECOPRETÉRITO)

| | |
|---|---|
| iera / iese vendido | hubiéramos / hubiésemos vendido |
| ieras / ieses vendido | hubierais/ hubieseis vendido |
| iera / iese vendido | hubieran/ hubiesen vendido |

ded
(vendan)

## VIVIR

### FORMAS NO PERSONALES

| | SIMPLES | COMPUESTAS |
|---|---|---|
| INFINITIVO: | vivir | haber vivido |
| GERUNDIO: | viviendo | habiendo vivido |
| PARTICIPIO: | vivido | |

### INDICATIVO

PRESENTE

| | |
|---|---|
| vivo | vivimos |
| vives | vivís |
| vive | viven |

PRETÉRITO PERFECTO (ANTEPRESENTE)

| | |
|---|---|
| he vivido | hemos vivido |
| has vivido | habéis vivido |
| ha vivido | han vivido |

PRETÉRITO IMPERFECTO (COPRETÉRITO)

| | |
|---|---|
| vivía | vivíamos |
| vivías | vivíais |
| vivía | vivían |

PRET. PLUSCUAMPERFECTO (ANTECOPRETÉRITO)

| | |
|---|---|
| había vivido | habíamos vivido |
| habías vivido | habíais vivido |
| había vivido | habían vivido |

PRETÉRITO INDEFINIDO (PRETÉRITO)

| | |
|---|---|
| viví | vivimos |
| viviste | vivisteis |
| vivió | vivieron |

PRETÉRITO ANTERIOR (ANTEPRETÉRITO)

| | |
|---|---|
| hube vivido | hubimos vivido |
| hubiste vivido | hubisteis vivido |
| hubo vivido | hubieron vivido |

FUTURO IMPERFECTO (FUTURO)

| | |
|---|---|
| viviré | viviremos |
| vivirás | viviréis |
| vivirá | vivirán |

FUTURO PERFECTO (ANTEFUTURO)

| | |
|---|---|
| habré vivido | habremos vivido |
| habrás vivido | habréis vivido |
| habrá vivido | habrán vivido |

CONDICIONAL (POSPRETÉRITO)

| | |
|---|---|
| viviría | viviríamos |
| vivirías | viviríais |
| viviría | vivirían |

CONDICIONAL PERFECTO (ANTEPOSPRETÉRITO)

| | |
|---|---|
| habría vivido | habríamos vivido |
| habrías vivido | habríais vivido |
| habría vivido | habrían vivido |

### SUBJUNTIVO

PRESENTE

| | |
|---|---|
| viva | vivamos |
| vivas | viváis |
| viva | vivan |

PRETÉRITO PERFECTO (ANTEPRESENTE)

| | |
|---|---|
| haya vivido | hayamos vivido |
| hayas vivido | hayáis vivido |
| haya vivido | hayan vivido |

PRETÉRITO IMPERFECTO (COPRETÉRITO)

| | |
|---|---|
| viviera/ viviese | viviéramos/ viviésemos |
| vivieras/ vivieses | vivierais/ vivieseis |
| viviera/ viviese | vivieran/ viviesen |

PRET. PLUSCUAMPERFECTO (ANTECOPRETÉRITO)

| | |
|---|---|
| hubiera / hubiese vivido | hubiéramos / hubiésemos vivido |
| hubieras / hubieses vivido | hubierais / hubieseis vivido |
| hubiera / hubiese vivido | hubieran / hubiesen vivido |

### IMPERATIVO

| | |
|---|---|
| vive | vivid |
| (viva) | (vivan) |
| (vivamos) | |

## SER

### FORMAS NO PERSONALES

| | SIMPLES | COMPUESTAS |
|---|---|---|
| INFINITIVO: | ser | haber sido |
| GERUNDIO: | siendo | habiendo sido |
| PARTICIPIO: | sido | |

### INDICATIVO

**PRESENTE**

| | |
|---|---|
| soy | somos |
| eres | sois |
| es | son |

**PRETÉRITO PERFECTO (Antepresente)**

| | |
|---|---|
| he sido | hemos sido |
| has sido | habéis sido |
| ha sido | han sido |

**PRETÉRITO IMPERFECTO (Copretérito)**

| | |
|---|---|
| era | éramos |
| eras | erais |
| era | eran |

**PRET. PLUSCUAMPERFECTO (Antecopretérito)**

| | |
|---|---|
| había sido | habíamos sido |
| habías sido | habíais sido |
| había sido | habían sido |

**PRETÉRITO INDEFINIDO (Pretérito)**

| | |
|---|---|
| fui | fuimos |
| fuiste | fuisteis |
| fue | fueron |

**PRETÉRITO ANTERIOR (Antepretérito)**

| | |
|---|---|
| hube sido | hubimos sido |
| hubiste sido | hubisteis sido |
| hubo sido | hubieron sido |

**FUTURO IMPERFECTO (Futuro)**

| | |
|---|---|
| seré | seremos |
| serás | seréis |
| será | serán |

**FUTURO PERFECTO (Antefuturo)**

| | |
|---|---|
| habré sido | habremos sido |
| habrás sido | habréis sido |
| habrá sido | habrán sido |

**CONDICIONAL (Pospretérito)**

| | |
|---|---|
| sería | seríamos |
| serías | seríais |
| sería | serían |

**CONDICIONAL PERFECTO (Antepospretérito)**

| | |
|---|---|
| habría sido | habríamos sido |
| habrías sido | habríais sido |
| habría sido | habrían sido |

### SUBJUNTIVO

**PRESENTE**

| | |
|---|---|
| sea | seamos |
| seas | seáis |
| sea | sean |

**PRETÉRITO PERFECTO (Antepresente)**

| | |
|---|---|
| haya sido | hayamos sido |
| hayas sido | hayáis sido |
| haya sido | hayan sido |

**PRETÉRITO IMPERFECTO (Copretérito)**

| | |
|---|---|
| fuera / fuese | fuéramos / fuésemos |
| fueras / fueses | fuerais / fueseis |
| fuera / fuese | fueran / fuesen |

**PRET. PLUSCUAMPERFECTO (Antecopretérito)**

| | |
|---|---|
| hubiera / hubiese sido | hubiéramos / hubiésemos sido |
| hubieras / hubieses sido | hubierais / hubieseis sido |
| hubiera / hubiese sido | hubieran / hubiesen sido |

### IMPERATIVO

| | |
|---|---|
| sé | sed |
| (sea) | (sean) |
| (seamos) | |

## ESTAR

### FORMAS NO PERSONALES

| | SIMPLE |
|---|---|
| INFINITIVO: | estar |
| GERUNDIO: | estand... |
| PARTICIPIO: | estado |

### INDICATIVO

**PRESENTE**

| | |
|---|---|
| estoy | estamos |
| estás | estáis |
| está | están |

**PRETÉRITO IMPERFECTO (Copretér...**

| | |
|---|---|
| estaba | estábamos |
| estabas | estabais |
| estaba | estaban |

**PRETÉRITO INDEFINIDO (Pretérito...**

| | |
|---|---|
| estuve | estuvimos |
| estuviste | estuvisteis |
| estuvo | estuvieron |

**FUTURO IMPERFECTO (Futuro)**

| | |
|---|---|
| estaré | estaremos |
| estarás | estaréis |
| estará | estarán |

**CONDICIONAL (Pospretérito)**

| | |
|---|---|
| estaría | estaríamos |
| estarías | estaríais |
| estaría | estarían |

### SUBJUNTIVO

**PRESENTE**

| | |
|---|---|
| esté | estemos |
| estés | estéis |
| esté | estén |

**PRETÉRITO IMPERFECTO (Copretér...**

| | |
|---|---|
| estuviera / estuviese | estuviéramo... / estuviésemo... |
| estuvieras / estuvieses | estuvierais / estuvieseis |
| estuviera / estuviese | estuvieran / estuviesen |

### IMPERATIVO

| | |
|---|---|
| | está |
| | (esté) |
| | (estemos) |

## HABER

### FORMAS NO PERSONALES

|  | SIMPLES | COMPUESTAS |
|---|---|---|
| *INFINITIVO:* | haber | haber habido |
| *GERUNDIO:* | habiendo | habiendo habido |
| *PARTICIPIO:* | habido | |

### INDICATIVO

| | | | |
|---|---|---|---|
| **PRESENTE** | | **PRETÉRITO PERFECTO** (Antepresente) | |
| he | hemos | he habido | hemos habido |
| has | habéis | has habido | habéis habido |
| ha | han | ha habido | han habido |

| | | | |
|---|---|---|---|
| **PRETÉRITO IMPERFECTO** (Copretérito) | | **PRET. PLUSCUAMPERFECTO** (Antecopretérito) | |
| había | habíamos | había habido | habíamos habido |
| habías | habíais | habías habido | habíais habido |
| había | habían | había habido | habían habido |

| | | | |
|---|---|---|---|
| **PRETÉRITO INDEFINIDO** (Pretérito) | | **PRETÉRITO ANTERIOR** (Antepretérito) | |
| hube | hubimos | hube habido | hubimos habido |
| hubiste | hubisteis | hubiste habido | hubisteis habido |
| hubo | hubieron | hubo habido | hubieron habido |

| | | | |
|---|---|---|---|
| **FUTURO IMPERFECTO** (Futuro) | | **FUTURO PERFECTO** (Antefuturo) | |
| habré | habríamos | habré habido | habremos habido |
| habrás | habréis | habrás habido | habréis habido |
| habrá | habrán | habrá habido | habrán habido |

| | | | |
|---|---|---|---|
| **CONDICIONAL** (Pospretérito) | | **CONDICIONAL PERFECTO** (Antepospretérito) | |
| habría | habríamos | habría habido | habríamos habido |
| habrías | habríais | habrías habido | habríais habido |
| habría | habrían | habría habido | habrían habido |

### SUBJUNTIVO

| | | | |
|---|---|---|---|
| **PRESENTE** | | **PRETÉRITO PERFECTO** (Antepresente) | |
| haya | hayamos | haya habido | hayamos habido |
| hayas | hayáis | hayas habido | hayáis habido |
| haya | hayan | haya habido | hayan habido |

| | | | |
|---|---|---|---|
| **PRETÉRITO IMPERFECTO** (Copretérito) | | **PRET. PLUSCUAMPERFECTO** (Antecopretérito) | |
| hubiera / hubiese | hubiéramos / hubiésemos | hubiera / hubiese habido | hubiéramos / hubiésemos habido |
| hubieras / hubieses | hubierais / hubiesen | hubieras / hubieses habido | hubierais / hubieseis habido |
| hubiera / hubiese | hubieran / hubiesen | hubiera / hubiese habido | hubieran / hubiesen habido |

### IMPERATIVO

|  |  |
|---|---|
| he | habed |
| (haya) | (hayan) |
| (hayamos) | |

# VERBOS IRREGULARES

## ACERTAR

### INDICATIVO

PRESENTE: acierto, aciertas, acierta, acertamos, acertáis, aciertan.

PRET. IMP.: acertaba, acertabas…

PRET. INDEF.: acerté, acertaste, acertó, acertamos, acertasteis, acertaron.

FUTURO: acertaré, acertarás, acertará…

CONDICIONAL: acertaría, acertarías…

### SUBJUNTIVO

PRESENTE: acierte, aciertes, acierte, acertemos, acertéis, acierten.

PRET. IMP.: acertara / acertase, acertaras / acertases…

### IMPERATIVO

PRESENTE: acierta, acertad.

## ANDAR

### INDICATIVO

PRESENTE: ando, andas, anda, andamos, andáis, andan.

PRET. IMP.: andaba, andabas…

PRET. INDEF.: anduve, anduviste, anduvo, anduvimos, anduvisteis, anduvieron.

FUTURO: andaré, andarás, andará…

CONDICIONAL: andaría, andarías…

### SUBJUNTIVO

PRESENTE: ande, andes, ande, andemos, andéis, anden.

PRET. IMP.: anduviera / anduviese, anduvieras / anduvieses…

### IMPERATIVO

PRESENTE: anda, andad.

## CABER

### INDICATIVO

PRESENTE: quepo, cabes, cabe, cabemos, cabéis, caben.

PRET. IMP.: cabía, cabías…

PRET. INDEF.: cupe, cupiste, cupo, cupimos, cupisteis, cupieron.

FUTURO: cabré, cabrás, cabrá…

CONDICIONAL: cabría, cabrías…

### SUBJUNTIVO

PRESENTE: quepa, quepas, quepa, quepamos, quepáis, quepan.

PRET. IMP.: cupiera / cupiese, cupieras / cupieses…

### IMPERATIVO

PRESENTE: cabe, cabed.

## CAER

### INDICATIVO

PRESENTE: caigo, caes, cae, caemos, caéis, caen.

PRET. IMP.: caía, caías, caía…

PRET. INDEF.: caí, caíste, cayó, caímos, caísteis, cayeron.

FUTURO: caeré, caerás, caerá…

CONDICIONAL: caería, caerías, caería…

### SUBJUNTIVO

PRESENTE: caiga, caigas, caiga, caigamos, caigáis, caigan.

PRET. IMP.: cayera / cayese, cayeras / cayeses…

### IMPERATIVO

PRESENTE: cae, caed.

## CONDUCIR

### INDICATIVO

PRESENTE: conduzco, conduces, conduce, conducimos, conducís, conducen.

PRET. IMP.: conducía, conducías…

PRET. INDEF.: conduje, condujiste, condujo, condujimos, condujisteis, condujeron.

FUTURO: conduciré, conducirás, conducirá…

CONDICIONAL: conduciría, conducirías…

### SUBJUNTIVO

PRESENTE: conduzca, conduzcas, conduzca, conduzcamos, conduzcáis, conduzcan.

PRET. IMP.: condujera / condujese, condujeras / condujeses…

### IMPERATIVO

PRESENTE: conduce, conducid.

## CONOCER

### INDICATIVO

PRESENTE: conozco, concoces, conoce, conocemos, conocéis, conocen.

PRET. IMP.: conocía, conocías…

PRET. INDEF.: conocí, conociste, conoció…

FUTURO: conoceré, conocerás…

CONDICIONAL: conocería, conocerías.

### SUBJUNTIVO

PRESENTE: conozca, conozcas, conozca, conozcamos, conozcáis, conozcan.

PRET. IMP.: conociera / conociese, conocieras / conocieses…

### IMPERATIVO

PRESENTE: conoce, conoced.

## CONTAR

### INDICATIVO

PRESENTE: cuento, cuentas, cuenta, contamos, contáis, cuentan.

PRET. IMP.: contaba, contabas…

PRET. INDEF.: conté, contaste, contó, contamos, contasteis, contaron.

FUTURO: contaré, contarás, contará…

CONDICIONAL: contaría, contarías…

### SUBJUNTIVO

PRESENTE: cuente, cuentes, cuente, contemos, contéis, cuenten.

PRET. IMP.: contara / contase, contaras / contases…

### IMPERATIVO

PRESENTE: cuenta, contad.

## DAR

### INDICATIVO

PRESENTE: doy, das, da, damos, dais, dan.

PRET. IMP.: daba, dabas, daba…

PRET. INDEF.: di, diste, dio, dimos, disteis, dieron.

FUTURO: daré, darás, dará…

CONDICIONAL: daría, darías…

### SUBJUNTIVO

PRESENTE: dé, des, dé, demos, deis, den.

PRET. IMP.: diera / diese, dieras / dieses…

### IMPERATIVO

PRESENTE: da, dad.

## DECIR

### INDICATIVO

PRESENTE: digo, dices, dice, decimos, decís, dicen.

PRET. IMP.: decía, decías…

PRET. INDEF.: dije, dijiste, dijo, dijimos, dijisteis, dijeron.

FUTURO: diré, dirás, dirá…

CONDICIONAL: diría, dirías…

### SUBJUNTIVO

PRESENTE: diga, digas, diga, digamos, digáis, digan.

PRET. IMP.: dijera / dijese, dijeras / dijeses…

### IMPERATIVO

PRESENTE: di, decid.

## DORMIR

### INDICATIVO

PRESENTE: duermo, duermes, duerme, dormimos, dormís, duermen.

PRET. IMP.: dormía, dormías…

PRET. INDEF.: dormí, dormiste, durmió, dormimos, dormisteis, durmieron…

FUTURO: dormiré, dormirás, dormirá…

CONDICIONAL: dormiría, dormirías…

### SUBJUNTIVO

PRESENTE: duerma, duermas, duerma, durmamos, durmáis, duerman.

PRET. IMP.: durmiera / durmiese, durmieras / durmieses…

### IMPERATIVO

PRESENTE: duerme, dormid.

## IR

### INDICATIVO

PRESENTE: voy, vas, va, vamos, vais, van.

PRET. IMP.: iba, ibas, iba, íbamos…

PRET. INDEF.: fui, fuiste, fue, fuimos, fuisteis, fueron.

FUTURO: iré, iras, irá, iremos…

CONDICIONAL: iría, irías, irían…

### SUBJUNTIVO

PRESENTE: vaya, vayas, vaya, vayamos, vayáis, vayan.

PRET. IMP.: fuera / fuese, fuéramos / fuésemos…

### IMPERATIVO

PRESENTE: ve, id.

## PARECER

### INDICATIVO

PRESENTE: parezco, pareces, parece, parecemos, parecéis, parecen.

PRET. IMP.: parecía, parecías…

PRET. INDEF.: parecí, pareciste, pareció, parecimos, parecisteis, parecieron.

FUTURO: pareceré, parecerás, parecerá…

CONDICIONAL: parecería, parecerías…

### SUBJUNTIVO

PRESENTE: parezca, parezcas, parezca, parezcamos, parezcáis, parezcan.

PRET. IMP.: pareciera / pareciese, parecieras / parecieses…

### IMPERATIVO

PRESENTE: parece, pareced.

## EMPEZAR

### INDICATIVO

PRESENTE: empiezo, empiezas, empieza, empezamos, empezáis, empiezan.

PRET. IMP.: empezaba, empezabas…

PRET. INDEF.: empecé, empezaste, empezó, empezamos, empezasteis, empezaron.

FUTURO: empezaré, empezarás…

CONDICIONAL: empezaría, empezarías…

### SUBJUNTIVO

PRESENTE: empiece, empieces, empiece, empecemos, empecéis, empiecen.

PRET. IMP.: empezara / empezase, empezaras / empezases…

### IMPERATIVO

PRESENTE: empieza, empezad.

## JUGAR

### INDICATIVO

PRESENTE: juego, juegas, juega, jugamos, jugáis, juegan.

PRET. IMP.: jugaba, jugabas…

PRET. INDEF.: jugué, jugaste, jugó, jugamos, jugasteis, jugaron.

FUTURO: jugaré, jugarás, jugará…

CONDICIONAL: jugaría, jugarías…

### SUBJUNTIVO

PRESENTE: juegue, juegues, juegue, juguemos, juguéis, jueguen.

PRET. IMP.: jugara / jugase, jugaras / jugases…

### IMPERATIVO

PRESENTE: juega, jugad.

## PEDIR

### INDICATIVO

PRESENTE: pido, pides, pide, pedimos, pedís, piden.

PRET. IMP.: pedía, pedías…

PRET. INDEF.: pedí, pediste, pidió, pedimos, pedisteis, pidieron.

FUTURO: pediré, pedirás, pedirá…

CONDICIONAL: pediría, pedirías…

### SUBJUNTIVO

PRESENTE: pida, pidas, pida, pidamos, pidáis, pidan.

PRET. IMP.: pidiera / pidiese, pidieras / pidieses…

### IMPERATIVO

PRESENTE: pide, pedid.

## HACER

### INDICATIVO

PRESENTE: hago, haces, hace, hacemos, hacéis, hacen.

PRET. IMP.: hacía, hacías…

PRET. INDEF.: hice, hiciste, hizo, hicimos, hicisteis, hicieron.

FUTURO: haré, harás, hará…

CONDICIONAL: haría, harías…

### SUBJUNTIVO

PRESENTE: haga, hagas, haga, hagamos, hagáis, hagan.

PRET. IMP.: hiciera / hiciese, hicieras / hicieses…

### IMPERATIVO

PRESENTE: haz, haced.

## OÍR

### INDICATIVO

PRESENTE: oigo, oyes, oye, oímos, oís, oyen..

PRET. IMP.: oía, oías, oía…

PRET. INDEF.: oí, oíste, oyó, oímos, oísteis, oyeron.

FUTURO: oiré, oirás, oirá…

CONDICIONAL: oiría, oirías…

### SUBJUNTIVO

PRESENTE: oiga, oigas, oiga, oigamos, oigáis, oigan.

PRET. IMP.: oyera / oyese, oyeras / oyeses…

### IMPERATIVO

PRESENTE: oye, oíd.

## PODER

### INDICATIVO

PRESENTE: puedo, puedes, puede, podemos, podéis, pueden.

PRET. IMP.: podía, podías…

PRET. INDEF.: pude, pudiste, pudo, pudimos, pudisteis, pudieron.

FUTURO: podré, podrás, podrá…

CONDICIONAL: podría, podrías…

### SUBJUNTIVO

PRESENTE: pueda, puedas, pueda, podamos, podáis, puedan.

PRET. IMP.: pudiera / pudiese, pudieras / pudieses…

### IMPERATIVO

PRESENTE: puede, poded.

# VERBOS IRREGULARES

## PONER

### INDICATIVO

PRESENTE: pongo, pones, pone, ponemos, ponéis, ponen.
PRET. IMP.: ponía, ponías…
PRET. INDEF.: puse, pusiste, puso, pusimos, pusisteis, pusieron.
FUTURO: pondré, pondrás, pondrá…
CONDICIONAL: pondría, pondrías…

### SUBJUNTIVO

PRESENTE: ponga, pongas, ponga, pongamos, pongáis, pongan.
PRET. IMP.: pusiera / pusiese, pusieras / pusieses…

### IMPERATIVO

PRESENTE: pon, poned.

## QUERER

### INDICATIVO

PRESENTE: quiero, quieres, quiere, queremos, queréis, quieren.
PRET. IMP.: quería, querías, quería…
PRET. INDEF.: quise, quisiste, quiso, quisimos, quisisteis, quisieron.
FUTURO: querré, querrás, querrá…
CONDICIONAL: querría, querrías…

### SUBJUNTIVO

PRESENTE: quiera, quieras, quiera, queramos, queráis, quieran.
PRET. IMP.: quisiera / quisiese, quisieras / quisieses…

### IMPERATIVO

PRESENTE: quiere, quered.

## REÍR

### INDICATIVO

PRESENTE: río, ríes, ríe, reímos, reís, ríen.
PRET. IMP.: reía, reías…
PRET. INDEF.: reí, reíste, rió, reímos, reísteis, rieron.
FUTURO: reiré, reirás, reirá…
CONDICIONAL: reiría, reirías, reiría…

### SUBJUNTIVO

PRESENTE: ría, rías, ría, riamos, riáis, rían.
PRET. IMP.: riera / riese, rieras / rieses…

### IMPERATIVO

PRESENTE: ríe, reíd.

## SABER

### INDICATIVO

PRESENTE: sé, sabes, sabe, sabemos, sabéis, saben.
PRET. IMP.: sabía, sabías, sabía…
PRET. INDEF.: supe, supiste, supo, supimos, supisteis, supieron.
FUTURO: sabré, sabrás, sabrá…
CONDICIONAL: sabría, sabrías, sabría…

### SUBJUNTIVO

PRESENTE: sepa, sepas, sepa, sepamos, sepáis, sepan.
PRET. IMP.: supiera / supiese, supieras / supieses…

### IMPERATIVO

PRESENTE: sabe, sabed.

## SALIR

### INDICATIVO

PRESENTE: salgo, sales, sale, salimos, salís, salen.
PRET. IMP.: salía, salías, salía…
PRET. INDEF.: salí, saliste, salió, salimos, salisteis, salieron.
FUTURO: saldré, saldrás, saldrá…
CONDICIONAL: saldría, saldrías, saldría…

### SUBJUNTIVO

PRESENTE: salga, salgas, salga, salgamos, salgáis, salgan.
PRET. IMP.: saliera / saliese, salieras / salieses…

### IMPERATIVO

PRESENTE: sal, salid.

## TENER

### INDICATIVO

PRESENTE: tengo, tienes, tiene, tenemos, tenéis, tienen.
PRET. IMP.: tenía, tenías, tenía…
PRET. INDEF.: tuve, tuviste, tuvo, tuvimos, tuvisteis, tuvieron.
FUTURO: tendré, tendrás, tendrá…
CONDICIONAL: tendría, tendrías.

### SUBJUNTIVO

PRESENTE: tenga, tengas, tenga, tengamos, tengáis, tengan.
PRET. IMP.: tuviera / tuviese, tuvieras / tuvieses…

### IMPERATIVO

PRESENTE: ten, tened.

## VALER

### INDICATIVO

PRESENTE: valgo, vales, vale, valemos, valéis, valen.
PRET. IMP.: valía, valías…
PRET. INDEF.: valí, valiste, valió, valimos, valisteis, valieron.
FUTURO: valdré, valdrás, valdrá…
CONDICIONAL: valdría, valdrías…

### SUBJUNTIVO

PRESENTE: valga, valgas, valga, valgamos, valgáis, valgan.
PRET. IMP.: valiera / valiese, valieras / valieses…

### IMPERATIVO

PRESENTE: vale, valed

## VENIR

### INDICATIVO

PRESENTE: vengo, vienes, viene, venimos, venís, vienen.
PRET. IMP.: venía, venías…
PRET. INDEF.: vine, viniste, vino, vinimos, vinisteis, vinieron.
FUTURO: vendré, vendrás, vendrá…
CONDICIONAL: vendría, vendrías…

### SUBJUNTIVO

PRESENTE: venga, vengas, venga, vengamos, vengáis, vengan.
PRET. IMP.: viniera / viniese, vinieras / vinieses…

### IMPERATIVO

PRESENTE: ven, venid.

## VER

### INDICATIVO

PRESENTE: veo, ves, ve, vemos, veis, ven.
PRET. IMP.: veía, veías…
PRET. INDEF.: vi, viste, vio, vimos, visteis, vieron.
FUTURO: veré, verás, verá…
CONDICIONAL: vería, verías…

### SUBJUNTIVO

PRESENTE: vea, veas, vea, veamos, veáis, vean.
PRET. IMP.: viera / viese, vieras / vieses…

### IMPERATIVO

PRESENTE: ve, ved.

# VOCABULARIO

| | | | | | | | |
|---|---|---|---|---|---|---|---|
| abajo | (1) | ancho(a) | (7) | bajar | (7) | capaz | (1) |
| abierto(a) | (2) | andar | (13) | balcón, el | (2) | capital, la | (2) |
| abrazo, el | (1) | angustia, la | (7) | baloncesto, el | (13) | cara, la | (1) |
| abril | (12) | anillo, el | (14) | banco, el | (2) | carácter, el | (7) |
| abrir | (3) | animal, el | (6) | baño, el | (2) | carné, el | (4) |
| abuelo(a) | (6) | anotar | (4) | bar, el | (1) | carne, la | (4) |
| aburrir | (7) | ansiedad, la | (7) | barato(a) | (2) | caro(a) | (4) |
| acabar | (2) | anteayer | (12) | barbaridad, la | (4) | carrera, la | (1) |
| acción, la | (12) | anterior | (4) | barco, el | (9) | carta, la | (12) |
| aceite, el | (4) | antes | (3) | bastante | (1) | cartera, la | (2) |
| aceptar | (6) | antiguo(a) | (6) | basura, la | (4) | casa, la | (2) |
| acera, la | (2) | anunciar | (4) | batidora, la | (11) | casar | (6) |
| acercar | (12) | añadir | (4) | bicicleta, la | (3) | casi | (3) |
| acierto, el | (1) | año, el | (3) | bebé, el | (6) | caso, el | (6) |
| acogedor(a) | (13) | aparcar | (8) | beber | (2) | castaño(a) | (6) |
| acompañar | (7) | apartamento, el | (2) | biblioteca, la | (6) | causar | (2) |
| acordarse | (12) | apellido, el | (1) | bien | (1) | cebolla, la | (11) |
| actividad, la | (3) | apenas | (3) | bilingüe | (2) | celebrar | (7) |
| actualmente | (1) | aperitivo, el | (14) | billete, el | (4) | cena, la | (3) |
| acuerdo, de | (7) | apetecer | (8) | blanco(a) | (5) | cenar | (3) |
| adecuado(a) | (2) | aprender | (2) | boca, la | (2) | centro, el | (2) |
| además | (3) | aprobar | (12) | bocadillo, el | (7) | cerca de | (2) |
| adiós | (1) | aproximadamente | (4) | boda, la | (12) | cerilla ,la | (2) |
| aduana, la | (1) | aquel/aquello(a) | (12) | bombero, el | (15) | cero, el | (2) |
| aeropuerto, el | (1) | aquí | (1) | bonito(a) | (2) | cerrar | (3) |
| afición, la | (7) | árbol,el | (1) | bonobús, el | (4) | ciencia ficción, la | (7) |
| afirmar | (6) | arena, la | (12) | botella, la | (4) | cierto(a) | (12) |
| agencia, la | (7) | armario, el | (2) | broma, la | (9) | cigarrillo, el | (14) |
| agosto | (3) | arreglar | (3) | bruto(a) | (12) | cine, el | (2) |
| agua, el | (3) | arroz, el | (4) | bueno(a) | (1) | circulación, la | (2) |
| ahí | (2) | arte, el | (7) | buscar | (3) | circular | (2) |
| ahora | (1) | ascensor, el | (1) | buzón, el | (2) | ciruela, la | (4) |
| albergue, el | (11) | así | (1) | | | cita, la | (3) |
| álbum, el | (6) | asignatura, la | (13) | caballo, el | (12) | ciudad, la | (4) |
| alcohol, el | (8) | asociación, la | (11) | cabeza, la | (8) | claro | (1) |
| alegría, la | (7) | aspecto, el | (8) | cabina, la | (2) | clase, la | (0) |
| algo | (6) | aspirina, la | (8) | cada | (1) | clima, el | (7) |
| algodón, el | (4) | atlético(a) | (6) | caer | (6) | club, el | (2) |
| alguien | (6) | atractivo(a) | (6) | café, el | (0) | cobrar | (4) |
| algún/alguno(a) | (9) | aumentar | (8) | cafetería, la | (2) | cocina, la | (2) |
| alianza, la | (14) | aún | (12) | cajero automático, el | (2) | coche, el | (0) |
| almacén, el | (3) | aunque | (11) | cajón, el | (2) | coger | (11) |
| alojamiento, el | (12) | autobús, el | (0) | calefacción, la | (14) | colegio, el | (1) |
| alojarse | (11) | automóvil, el | (0) | calor, el | (7) | coleta, la | (6) |
| alquilar | (7) | autovía, la | (14) | calvo(a) | (6) | colocar | (1) |
| alquiler, el | (4) | avión, el | (4) | calle, la | (2) | coloquial | (7) |
| alrededor | (0) | ayer | (12) | cama, la | (9) | color, el | (7) |
| alto(a) | (0) | ayuda, la | (4) | carero(a) | (1) | combinar | (4) |
| alumno(a) | (2) | ayudante, el/la | (6) | cambiar | (3) | comenzar | (11) |
| allí | (2) | ayudar | (1) | camiseta, la | (6) | comer | (2) |
| amable | (2) | azafata, la | (12) | canción, la | (3) | comida, la | (7) |
| amanecer, el | (12) | azúcar, el | (4) | candidato(a) | (13) | como | (7) |
| amarillo(a) | (7) | azul | (7) | cansado(a) | (1) | cómo | (0) |
| ambicioso(a) | (6) | | | cantante, el/la | (1) | cómodo(a) | (9) |
| americana, la | (14) | bailar | (7) | cantidad, la | (4) | compañero(a) | (1) |
| amigo(a) | (3) | baile, el | (7) | caña, la | (14) | comparar | (2) |

| | | | |
|---|---|---|---|
| fiebre, la (8) | hablar (0) | jugador, el (7) | marcadamente (7) |
| fiesta, la (0) | hamaca, la (0) | jugar (4) | marcha, la (9) |
| fijar (4) | hambre, el (7) | julio (3) | marearse (8) |
| fin, el (3) | hamburguesa, la (13) | junio (3) | mareo, el (8) |
| final, el (2) | harto(a) (8) | juvenil (11) | marido, el (6) |
| físico(a) (6) | hasta (1) | | marrón (7) |
| flamante (1) | hermano(a) (6) | kilo, el (0) | martes, el (3) |
| flan, el (12) | hermoso(a) (1) | | marzo (3) |
| fondo, al (2) | hidratante (4) | lado, el (2) | más (0) |
| forma, la (2) | higiénico(a) (4) | lápiz, la (1) | matar (8) |
| formación, la (6) | hijo(a) (2) | largo(a) (6) | material, el (13) |
| formal (1) | histórico(a) (2) | lástima, la (4) | matrimonio, el (6) |
| fórmula, la (2) | hogar, el (6) | lavavajillas, el (4) | máximo(a) (7) |
| foto, la (6) | hoja, la (2) | lectura, la (2) | mayo (3) |
| fotocopia, la (15) | hola (0) | leche, la (4) | mayor (6) |
| fotógrafo(a) (1) | hora, la (3) | leer (2) | mayoría, la (13) |
| frase, la (1) | horario, el (3) | lejos (2) | mecánico(a) (1) |
| frecuencia, la (3) | horrible (7) | lengua, la (1) | mediados (12) |
| frecuentemente (3) | hospital, el (1) | levantarse (3) | médico, el (1) |
| fregona, la (4) | hotel, el (1) | libre (12) | medio(a) (3) |
| fresco(a) (4) | hoy (2) | librería, la (2) | mediodía, el (3) |
| frigorífico, el (7) | huevo, el (4) | libro, el (4) | mejor (8) |
| frío, el (7) | | limón, el (0) | mejorar (8) |
| fruta, la (4) | idea, la (1) | limpiar (3) | menor (6) |
| fuera (4) | identidad, la (15) | limpieza, la (3) | menos (4) |
| fuerte (6) | idioma, el (1) | liso(a) (6) | mensaje, el (8) |
| fumador(a) (8) | igual (0) | listo(a) (6) | mentira, la (5) |
| fumar (8) | ilustración, la (8) | localidad, la (13) | menú, el (14) |
| función, la (6) | imposible (13) | loco(a) (7) | mercado, el (4) |
| fútbol, el (13) | imprimir (8) | lotería, la (12) | merluza, la (4) |
| futuro, el (1) | increíble (6) | luego (2) | mes, el (3) |
| | indicar (6) | lugar, el (1) | mesa, la (1) |
| gafas, las (14) | industria, la (4) | luminoso(a) (7) | mestizo(a) (7) |
| ganar (2) | influencia, la (2) | luna de miel, la (12) | método, el (13) |
| garaje, el (2) | información, la (2) | lunes, el (3) | metro, el (2) |
| garganta, la (8) | informal (1) | luz, la (4) | mientras (8) |
| gas, el (3) | inicial (0) | | miércoles, el (3) |
| gasolina, la (9) | iniciativa, la (11) | llamar (0) | minuto, el (2) |
| gazpacho, el (11) | inmobiliario(a) (7) | llave, la (0) | mío(a)/míos(as) (4) |
| gel, el (4) | innecesario(a) (4) | llegar (3) | mirar (2) |
| genealógico(a) (6) | inscripción, la (2) | llenar (12) | mismo(a) (2) |
| general (7) | insoportable (8) | llevar (6) | moda, la (7) |
| gente, la (2) | inteligente (11) | llover (7) | moderno(a) (13) |
| gimnasio, el (3) | interesante (7) | lluvia, la (7) | momento, el (2) |
| girar (2) | internacional (1) | lluvioso(a) (7) | moneda, la (4) |
| golf, el (4) | investigador(a) (13) | | montaña, la (3) |
| gordo(a) (6) | invierno, el (3) | madre, la (4) | montar (3) |
| gracias, las (1) | invitar (9) | maíz, el (0) | montón, el (11) |
| gracioso(a) (9) | ir (1) | majo(a) (6) | monumento, el (12) |
| gran/grande (2) | isla, la (12) | mal (1) | moreno(a) (6) |
| grasa, la (8) | izquierda (2) | malestar (8) | morir (11) |
| gripe, la (8) | | maleta, la (4) | moto, la (12) |
| gris (7) | jamón, el (0) | malo(a) (4) | mover (11) |
| grupo, el (9) | jardín, el (2) | mamá, la (6) | móvil (7) |
| guapo(a) (6) | jarrón, el (15) | mano, la (4) | mucho(a) (1) |
| gustar (6) | joven, el/la (6) | manzana, la (2) | mueble, el (14) |
| gusto, el (1) | juego, el (11) | mañana (0) | muela, la (8) |
| | juerga, la (9) | mapa, el (4) | muerto(a) (13) |
| haber (1) | jueves, el (1) | maravilla, de (12) | mujer, la (8) |

| | | | | | | | |
|---|---|---|---|---|---|---|---|
| multa, la | (15) | organización, la | (11) | perfume, el | (12) | pronto | (3) |
| mundial | (13) | orgullo, el | (6) | periódico, el | (1) | pronunciar | (0) |
| mundo, el | (0) | orgulloso(a) | (11) | periodista, el/la | (1) | propina, la | (4) |
| musculoso(a) | (6) | origen, el | (12) | pero | (1) | propio(a) | (6) |
| museo , el | (2) | original | (9) | perro, el | (2) | proporción, la | (8) |
| música, la | (7) | otoño, el | (4) | persona, la | (0) | protagonista, el/la | (15) |
| muy | (1) | otro(a) | (1) | personaje, el | (6) | próximo(a) | (9) |
| | | | | personal | (6) | público(a) | (13) |
| nacer | (13) | padre, el | (1) | pesado(a) | (6) | pueblo, el | (1) |
| nacionalidad, la | (1) | paella, la | (0) | pescadilla, la | (4) | puerta, la | (2) |
| nada | (2) | pagar | (4) | peseta, la | (4) | pues | (3) |
| nadie | (7) | país, el | (1) | peso, el | (4) | puesto, el | (13) |
| naranja | (7) | paisaje, el | (1) | pie, el | (12) | pulmón, el | (12) |
| navegar | (7) | palabra, la | (1) | pimiento, el | (11) | | |
| necesario(a) | (4) | palo, el | (4) | pincho, el | (14) | qué | (1) |
| necesidad, la | (7) | panecillo, el | (4) | pintar | (5) | que | (4) |
| necesitar | (7) | pantalón, el | (4) | pintoresco(a) | (12) | quedar | (4) |
| negativo(a) | (7) | papá, el | (6) | piscina, la | (13) | querer | (3) |
| negocio, el | (1) | papel, el | (4) | piso, el | (2) | queso, el | (4) |
| negro(a) | (5) | paquete, el | (13) | plancha, la | (14) | quién/quiénes | (1) |
| neto(a) | (4) | par, el | (12) | planchar | (3) | quiosco, el | (0) |
| nevar | (7) | para | (0) | planeta, el | (14) | | |
| nevera, la | (4) | parada, la | (2) | playa, la | (3) | ración, la | (14) |
| ningún/ninguno(a) | (6) | paralelo(a) | (2) | plaza, la | (1) | rama, la | (0) |
| no | (1) | parecer | (6) | poco(a) | (1) | rápido(a) | (12) |
| noche, la | (3) | pareja, la | (1) | poder | (0) | raro(a) | (3) |
| nombre, el | (0) | parte, la | (2) | poema, el | (5) | rasgo, el | (6) |
| normal | (3) | partido, el | (13) | poeta, el | (13) | rato, el | (8) |
| norte, el | (2) | partir | (11) | policía, el/la | (13) | razón, la | (4) |
| nosotros(as) | (1) | pasaporte, el | (15) | poner | (2) | realidad, la | (7) |
| nota, la | (4) | pasar | (2) | ponerse (al teléfono) | (9) | realizar | (8) |
| noticia, la | (15) | pasillo, el | (2) | popular | (15) | rebajas, las | (4) |
| noviembre | (3) | pasión , la | (7) | por | (0) | recepcionista, el/la | (1) |
| novio(a) | (6) | paso, el | (1) | porcentaje, el | (8) | recetar | (8) |
| nube, la | (4) | pasta, la | (4) | porque | (6) | recibir | (2) |
| nublado(a) | (7) | pastilla, la | (8) | portavoz, el | (13) | reclamación, la | (2) |
| nuestro(a) | (6) | patata, la | (0) | portero, el | (4) | reclamar | (2) |
| nuevo(a) | (1) | patio, el | (2) | posibilidad, la | (2) | recoger | (10) |
| numerales, los | (0) | patria, la | (1) | posible | (7) | recogida, la | (1) |
| nunca | (3) | pedir | (4) | practicar | (1) | recomendar | (13) |
| | | pelar | (11) | precioso(a) | (4) | recordar | (9) |
| objeción, la | (1) | película, la | (7) | preferir | (6) | recorrer | (12) |
| objeto, el | (2) | peligro, el | (7) | pregunta, la | (2) | recto(a) | (2) |
| obligación, la | (8) | pelirrojo(a) | (6) | preguntar | (1) | recuadro, el | (1) |
| obsesión, la | (7) | pelo, el | (6) | prensa, la | (7) | referir | (4) |
| octubre | (3) | peluquería, la | (9) | preocupar | (7) | refrán, el | (4) |
| ocurrir | (12) | pena, la | (6) | preparar | (6) | régimen, el | (8) |
| odiar | (10) | pendiente, el | (14) | presentar | (1) | regla, la | (7) |
| oferta, la | (2) | pensar | (3) | pretexto, el | (1) | regresar | (12) |
| oficial | (1) | pensión, la | (11) | prevenir | (7) | reloj, el | (1) |
| oficina, la | (1) | peor | (12) | prieto(a) | (7) | relleno(a) | (4) |
| oír | (2) | pepino, el | (11) | primavera, la | (12) | reparo, el | (4) |
| olivo(a) | (0) | pequeño(a) | (0) | primo, el | (12) | repetir | (0) |
| olvidar | (1) | pera, la | (6) | principio, el | (12) | representante, el/la | (1) |
| ópera, la | (7) | perder | (6) | prisa, la | (3) | reservar | (14) |
| operativo(a) | (9) | perdón, el | (4) | problema, el | (2) | residencia, la | (13) |
| opinar | (7) | perdonar | (1) | profesión, la | (1) | resolver | (15) |
| opinión, la | (7) | perezoso(a) | (7) | profesor(a) | (0) | respectiva | (1) |
| ordenador, el | (7) | perfecto | (1) | promedio, el | (8) | responder | (3) |

responsable, el/la (1)
respuesta, la (2)
restaurante, el (2)
resto, el (6)
resultar (13)
reunión, la (15)
revista, la (1)
rey, el (0)
rizado(a) (6)
rojo(a) (7)
rollo, el (7)
romper (11)
rosa (7)
rosado (14)
rótulo, el (1)
rubio(a) (6)
rudo(a) (11)
ruido, el (7)
ruptura, la (12)

sábado, el (3)
saber (1)
sacacorchos, el (2)
sacar (11)
sala, la (2)
salario, el (4)
salida, la (1)
salir (6)
salón, el (2)
saludar (1)
saludo, el (1)
sangría, la (0)
se (0)
sección, la (4)
seco(a) (12)
secretario(a) (1)
sector, el (4)
sede, la (13)
seguir (8)
según (8)
seguro(a) (4)
sello, el (11)
semáforo, el (12)
semana, la (3)
semestre, el (11)
sentarse (6)
sentirse (11)
señal, la (9)
señalar (2)
señor(a) (0)
señorita, la (1)
separado(a) (6)
septiembre (3)
ser (1)
serie, la (2)
serio(a) (6)
servicio ,el (2)
si (9)
sí (1)

siempre (3)
siesta, la (0)
siglo, el (12)
significar (7)
siguiente, el (5)
silla, la (2)
símbolos, los (1)
simpático(a) (2)
sin (4)
sincero(a) (7)
síntoma, el (8)
situar (1)
sobre (4)
sobre, el (2)
socialmente (6)
sol, el (7)
soldado, el (6)
soleado(a) (7)
soler (13)
solicitar (9)
solo(a) (2)
soltero(a) (6)
sonar (9)
sonido, el (0)
sopa, la (14)
sótano, el (2)
su, sus (2)
subir (1)
submarinismo, el (11)
sucio(a) (14)
suegra, la (6)
sueldo, el (8)
sueño, el (13)
suerte, la (2)
sugerir (7)
supermercado, el (1)
suponer (10)
sur, el (2)

tal (1)
talla, la (4)
taller, el (1)
tamaño, el (1)
también (1)
tan, tanto(a) (9)
tango, el (0)
tantas, las (12)
tapa, la (4)
tapas, las (11)
tardar (3)
tarde, la (3)
tarifa, la (4)
tarjeta, la (9)
taxi, el (2)
taxista, el/la (1)
té, el (7)
teatro, el (2)
teléfono, el (1)
televisión, la (3)

temperatura, la (7)
temporal, el (12)
temprano (3)
tener (1)
tensión, la (8)
terminar (6)
texto, el (2)
ticket, el (11)
tiempo, el (3)
tienda, la (3)
tierno(a) (4)
tierra, la (1)
tinto, el (14)
típico(a) (3)
tipo, el (0)
tiritas, las (8)
tocar (12)
todavía (6)
todo(a) (2)
tomar (3)
tomate, el (0)
torero(a) (0)
tormenta, la (15)
tormentoso(a) (7)
toro, el (0)
torta, la (4)
tos, la (8)
total (12)
trabajador(a) (4)
trabajar (1)
trabajo, el (1)
tradición, la (13)
tráfico, el (13)
tranquilidad, la (7)
transporte, el (12)
tras (0)
tratar (3)
tren, el (12)
triste (12)
tristeza, la (7)
tropical (12)
tú (1)
turismo, el (2)
turístico (4)

últimamente (8)
último(a) (7)
un/uno(a)/unos(as) (1)
única (7)
unidad, la (2)
universitario(a) (13)
usar (1)
usted, ustedes (1)
usual (4)
útil (7)
utilizar (7)

vacaciones, las (3)
valer (4)

valoración, la (11)
vaqueros, los (6)
variado(a) (12)
variedad, la (1)
varios(as) (11)
vaso, el (11)
vecino, el (13)
vegetariano(a) (13)
vela, barco de (12)
vendimia, la (3)
venir (3)
ventaja, la (9)
ventanilla, la (14)
ver (3)
verano, el (3)
verdad, la (1)
verde (6)
verdura, la (4)
vergüenza, la (7)
vestido, el (6)
vez, la (4)
viajar (7)
vida, la (1)
vídeo, el (2)
vídeoclub, el (2)
viejo(a) (6)
viento, el (7)
viernes, el (3)
vinagre, el/la (11)
vino, el (4)
violento(a) (7)
violeta (7)
visitar (3)
vitamina, la (8)
viudo(a) (6)
vivienda, la (6)
vivir (1)
volar (11)
volcánico(a) (12)
volumen, el (14)
volver (4)
vosotros(as) (1)
vuelo, el (1)
vuelta, la (4)
vuestro(a)/vuestros(as) (1)

y (0)
ya (1)
yo (1)

zapato, el (0)
zona, la (1)